# 이집트 상형문자 배우기

# 이집트 상형문자 배우기

**초판 1쇄 발행** 2021년 11월 30일
**초판 4쇄 발행** 2024년 7월 2일

**지은이** 강주현
**펴낸이** 정봉선
**주소** 경기도 하남시 조정대로45 미사센텀비즈 8층 F827호
**전화** 031-795-1335 **팩스** 02-925-1334
**홈페이지** www.pijbook.com **이메일** junginbook@naver.com **블로그** blog.naver.com/junginbook
**유튜브** http://url.kr/mlQEvR **인스타그램** @jungin_book
**등록번호** 제2020-000038호 **ISBN** 979-11-88239-98-6 93790

※ 이 도서는 한국출판문화산업진흥원의 2021년 우수출판콘텐츠 제작 지원사업 선정작입니다.
※ 값은 뒤표지에 있습니다.

문명과 문자가 만나는
고대 이집트 상형문자 가이드북

# 이집트 상형문자 배우기

강주현 지음

정인

# 상형문자 배우기 책에 앞서

세계적인 베스트셀러이자 영화로도 유명한 그러나 지극히 현실적으로 쓸모 없는 책 중의 하나인 〈How to train your dragon〉의 저자 크레시다 코웰(Cressida Cowell)은 자신의 책 서두를 이렇게 시작했다.

'인간과 드래곤 부족의 왕인 아버지는 주인공 히컵의 쓸모없는 능력인 〈글쓰는〉짓거리를 항상 야단치며 보다 쓸모있는 능력 향상에 (예를 들어 부하 혹은 노예 드래곤들에게 큰소리치기/효과적으로 위협하는 법 익히기/나머지 드래곤을 완전 무시하기 등) 힘쓰라고 호통치곤했다.'

그리고 서두이자 엔딩을 이렇게 마무리 한다.

'드래곤은 엄청나게 신비롭고 알면 알수록 더 알고 싶어지는 마법같은 존재이다. 그리고 그들은 인간을 위협하며 무시무시하다. 하지만 인간들이 그들을 알면 함께 살 수 있다. 길들일 수 있기 때문이다. 좌우당지간 그들은 우리와 함께 해왔고 그렇기에 그들은 우리 삶의 일부이다.'

크레시다 코웰은 상상의 세계를 인간들의 삶 속에 이렇게 현실화시켰다. 그리고 내 13살짜리 아들의 삶에 막대한 영향을 주었고 셀 수 없이 많은 아이들(어른들 역시)의 상상의 영역을 넓혀주었다. 이 책으로 드림웍스 영화사는 미국에서만 애니메이션 영화 상영으로 첫 회만 500백만달러의 돈을 긁어 모았다. 물론 후속편 및 드라마 시리즈 는 별도로 말이다.

이집트 상형문자와 고대문명을 공부했고 수년간 수많은 고대문명에 대한 강연을 해온 사람의 책 서문에 〈드래곤 길들이기〉가 어떤 맥락에서 언급이 필요했는지 궁금해할 것 같다. 하지만 놀랍게도 이들은 아주 상당히 그리고 직접적으로 연결되어 있다.

> 쓸모없어 보인다
> 굳이 알아야 하나
> 실용적이지 않다

한마디로 알아도 그만 몰라도 그만이란 맥락에서 일맥 상통한다면 어떨까. 하지만 다행히 공통점이 이게 다는 아니다.

> 재밌다
> 배울 수 있다
> 사용할 수 있다

재밌다면 쓸모없지 않다. 배우고 싶다면 배우면 된다. 사용할 수 있기에 실용적이다. 크레시다 코웰의 엔딩처럼 알면 함께 할 수 있고 또 그것이 주는 기쁨은 개인의 삶 속에 엄청난 행복을 가져다 준다. 행복할 수 있다는 것은 기적이자 마법인 것이다.

지식의 기쁨은 존재를 발전시킨다 그러나 지식은 이어져 내려온 집합의 결정체이자 그 집합체가 후대에게 주는 선물이다.

〈상당히 실용적 측면에서의 고대문명〉

유럽은 학문의 영역 안에 고대문명에 대한 공부가 단단하게 뿌리내려져 있다. 수백년간의 투자와 연구가 이루어졌고 21세기의 오늘 역시 그 〈필요〉와 〈실용성〉에 부응하여 고대문명사의 전공이 더 세분화

되고 있는 실정이다. 유럽과 서양문화에 있어 고대문명사에 대한 어떤 측면이 우리나라 교육실정과는 다른 맥락으로 그 중요도가 자리 잡게 된 것일까.

영국 및 유럽국가에서는 고대문명 공부가 초등학교부터 필수교양과목이다. 그리고 중학교에 진입하면 고등학교와 대입준비를 위한 이수과목이된다. 즉 평생 필수과목인 셈이다. 아래의 인용글은 고대문명과목의 서두에 적혀있는 소개글이다.

> The students would better understand their world and the people who live in it. Because our society and world are rooted in ancient civilizations in almost every aspects such as numbers, economy, government, art, religion and geography. History is tied together. The ancient history and their knowledge have moved our current history forward! It explains how the world has formed and become as it is. And diversity is a format of human being and ability.

간단히 번역해보면 이렇다.

> (고대문명 학습은) 학생들에게 자신이 살고있는 세계를 이해하는 데 지대한 도움을 준다. 왜냐하면 모든 현대사회의 정치, 경제, 종교 지리 및 작게는 숫자에 이르기까지 고대문명에 그 뿌리를 두고 있기 때문이다. 역사는 함께 이어져있다. 고대역사와 그들의 지식은 현대역사를 발전시켜준다. 따라서 고대문명은 현세계를 형성시켰고 〈지금〉을 있게 했다. 그리고 (고대문명 - 메소포타미아, 이집트, 인도, 황하

문명) 다양성은 인간의 기본적 포맷이며 능력이다.


　　우리가 현대문명이라 부르는 문명은 고대문명의 연속선 상에서 이루어진 것이다. 21세기의 현대문명 또한 100년 500년 1000년 후에는 고대문명의 일부가 되며 우리문명이 발전시킨 태블릿, 스마트폰 그리고 사회경제적 구조 역시 미래 사회와 문명 속에서 한 뿌리가 되고 총체적 집합성에 녹아들어 미래문명을 이루게 되기 때문이다.

　　고대는 현대의 또다른 이름이자 미래문명의 일부인 것이다. 따라서 고대문명을 이해하지 못한다는 것은 현대문명을 진정으로 이해할 수 없다는 뜻이다. 모든 건축, 종교, 문자, 철학, 문학, 경제구조에 새로운 것이 있는지 한번쯤 생각해봐야 하는 것이다. 아는 만큼 보이며 배운 만큼 이해하고 자신의 인생을 설계할 수 있는 것이다. 하지만 제일 중요한 것은 행복의 척도는 현대의 문명 그 자체에 멈추어져 있는 것이 아니다. 인간은 총체적 동물이며 지극히 개인적이나 개인적일 수 없는 사회문화적 그리고 연대적 동물인 것이다. 고대를 알면 나를 둘러싼 세계가 보이고 또 나의 한계가 5000년 이상 넓어지게 된다. 즉 가능성 속의 자신, 행복의 문이 함께 열리는 것이다.

　　아는 만큼 보인다.

　　그리고 배우는 만큼 넓어지며

　　가능성 안에

　　행복하다.

# 배·우는 순서 살펴보기

## 4장 상형문자 기호의 이해

# 1장

## 잃어버린
## 시간을 찾아서

# 황금 연대기: the golden chronicle

지금으로부터 5000여 년 전 기원전 3200년경 아프리카 북동쪽 지역에 위치한 이집트에선 고도화된 기호와 정립된 문법체계를 가진 문자가 나타났다. 처음부터 그 변천과정을 보여주는 과도기적 혹은 시험적 진화과정을 생략한 채 인류에게 선물처럼 등장한 것이다. 약 3000년 동안 인류 4대 문명 중 하나로서 정치, 경제, 종교, 예술을 비롯하여 건축, 천문학, 수학, 문학을 아우르는 문명의 뼈대를 형성했던 고대 이집트 문명은 그들은 언어인 상형문자와 함께 번영했고 상형문자의 상실과 함께 쇠망했다.

　살아있는 문자로서 이집트 통일왕조의 역사시대를 세련되게 장식한 최초의 승전 기념비 나메르 왕의 〈나메르 화장판[1]〉은 이집트 문자가 가진 표음 및 표의문자로서의 그 화려한 워드 플레이를 느낄 수 있게 해준다. 초기왕조 시대를 포함하여 약 2100년 간의 고왕국, 중왕국, 신왕국 시대(이집트 학계의 보편적 동의 연대분류를 기준으로)동안 이집트는 그 문명의 전성기를 상형문자와 함께 번성하고 그 화려한 역사시대를 누렸다.

## 고왕국과 피라미드

고왕국의 이집트는 기자의 사막 한가운데 이집트 문명의 지적수준을 일렬의 피라미드 건축을 통해 당당히 과시했다. 고왕국 4왕조 쿠푸 왕의 피라미드는 높이가 146.5(481피트) 미터로 기원후 1311년 159.7 미터의 영국의 링콘 대성당(Lincoln Cathedral)이 세워지기 전까지 3800년 동안 인류의 건축물 중 가장 크고 높은 건축물이었다.

고왕국의 시그너처인 피라미드들을 간략히 살펴보자 피라미드의 시조인 고왕국 3왕조의 두 번째 왕인 조세르 왕의 계단식 피라미드 (2592BC - 2566BC)이다. 높이 121 미터에 달한다.

조세르 왕의 계단식 피라미드의 건축설계자는 임호테프로 사실 허리우드 영화에서 종종 근육질의 악당 이미지로 자주 등장한다. 실제로는 후대에 성인 혹은 신으로까지 승격화된 인물로서 이집트인들에게 수천년에 걸쳐 존망받은 역사적 실존 인물이었다.

실험적 도전으로 다작의 피라미드를 건축한 고왕국 4왕조의 첫 번째 왕인 스네페루의 메디움 피라미드, 굴절 피라미드, 적색 피라미드(2613BC - 2589BC)가 있다.

메디움 피라미드 높이는 65 미터(미완공: 완공되었다면 91.65 미터로 추측) 굴절 피라미드 높이는 104.71 미터 적색 피라미드는 105 미터(붉은 석회함으로 건축)에 달한다.

메디움 계단식 피라미드와는 달리 적색 피라미드는 매끈한 빗변의 피라미드를 의도해 건축했다. 하지만 43.22 도의 경사각은 스쿗피라미드(Squat Pyramid)의 별칭처럼 밑면 220 미터의 옆으로 퍼진 난장이 피라미드가 되었다.

피라미드의 완성작-피라미드의 고전을 완성한 고왕국 4왕조 두번째왕 쿠푸의 기자 대피라미드(2589BC-2566BC)가 있다. 높이146.6 미터/밑변 230.33 미터에 달하며 약 600 만 개의 화강암과 석회암으로 건축되었다.

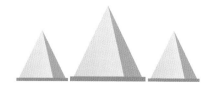

쿠푸왕의 피라미드는 원래 외벽을 싸고 있었던 흰 석회암을 상실해[2] 현재 138.5 미터로 약 8.1미터가 낮아졌다. 빗변 경사도 51°51′40″이라는 완벽한 경사각을 가지고 진북방향으로 건축되었다.

케프레 왕의 피라미드(2558BC-2532BC)는 높이 136.4 미터/경사도 51°51′40″이다. 쿠푸왕 다음으로 두번째로 큰 피라미드이다.

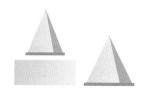

쿠푸왕 다음으로 두 번째로 큰 피라미드지만 현재 쿠푸왕의 피라미드보다 더 높은 이유는 케프레왕의 피라미드가 10 미터 위의 기반암 위에 건축되었기 때문이다.

멘케우레왕의 피라미드(2532BC - 2500BC)는 높이 65 미터/경사도 51°20′25″이다.

🔲 **더 알아보기**

피라미드는 고대 이집트어로 메르 (자음 음가로 m+r)라고 발음되며 아래와 같이 써진다.

하워드 비세(Howard Vyse)라는 영국의 이집트 고고학자는 1837년멘케우레 왕의 피라미드 안에서 현무암으로 만든 아름다운 석관을 발굴했다. 이 안엔 놀랍게도 젊은 여성의 뼈가 들어있었다고 한다. 고왕국 시대의 석관은 희귀한 것이기도 했지만 흑현무암에 새겨진 정교한 세부장식 매우 뛰어난 것이었다. 그러나 안타깝게도 1838년 10월 13일 베아트릭스 호에 실려 영국으로 오던 이 석관은 배의 침몰과 함께 영원히 지중해에 가라앉아 버리고 말았다.

## 피라미드 속 피라미드 텍스트

천문학과 수학 및 건축학의 결정체였던 피라미드 건축에는 우리에게 전해지진 않았지만 이를 가능하게 한 지적정보의 축적과 기록이 분명 존재했을 것이다. 숨겨진 비서의 실체적 가능성은 피라미드 텍스트의 출현으로 세상에 그 단서를 제공하기도 했다. 제 5왕조의 우나

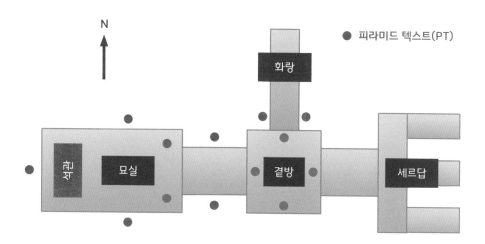

화랑

● 피라미드 텍스트(PT)

현실

묘실

곁방

세르답

◀ **피라미드 텍스트**가 새겨져 있는 우나스 왕의 묘실 전경. 천장 벽에는 천상의 세계를 상징하는 수많은 별이 새겨져 있다.

스 왕의 피라미드 묘실에 새겨진 상형문자 텍스트[3]가 그것이다. 총 283개의 주문서로 구성된 피라미드 텍스트는 파라오의 영혼을 깨워 부활시키고 그를 신성한 영혼인 〈아크〉로 만들어 천상에서 신들과 함께 영원한 삶을 살게 하는 것을 주 내용으로 하고 있다. 그리고 이 과정에서 주문서는 여러 신들에게 파라오를 보호하고 그를 돕도록 요청하고 있다.

또한 이들 주문서의 위치는 피라미드 건축 구조의 목적성[4]을 분명하게 보여주고 있다. 왕의 영혼이 묘실에서 깨어나 곁방을 지나 대

회랑을 통해 피라미드 밖으로 나가도록 주문서와 각 방의 위치를 일치시키고 있다.

즉, 피라미드 주문서는 묘실, 곁방(anctechamber), 회랑 등 가각의 스테이지에 따라 왕의 영혼이 변화하고 이동해야 하는 모든 경로에 쓰여져 이 모든 과정을 통과해 사후세계에 이르게끔 친절히 안내하고 있는 것이다.

따라서 이들 피라미드 텍스트를 통해 고대 이집트의 종교 및 신화적 뿌리가 이미 그 시작을 가늠하기 힘들만큼 깊고 오래된 것임을 입증하고 있으며 문자와 문명의 화성법적 조화를 완벽하게 보여주고 있다.

**더 알아보기**

피라미드 텍스트는 생명과 부활의 상징으로 파랑색과 초록색의 중간색인 청록색으로 새겨졌다. 즉, 벽을 얕은 음각으로 판 후 그 안에 색을 입힌 것이다.

---

**상식 충족 코너 – 피라미드 텍스트 주문서란?**

283개의 피라미드 주문서는 크게 두 개의 카테고리로 나눠진다.

**① 세카도털(sacerdotal text)**
사제에 의한 제례예식 주문서로서 렉토 프리스트(lector priest), 즉 경문을 읽는 사제가 예식을 진행하며 읽는 주술을 모아놓은 것이다. 〈부활의 주술; Resurrection spells〉, 〈입을 여는 주술; Opening of the mouth spells〉, 〈아침주술〉등이 있다.

**② 퍼스널 텍스트(personal text)**
파라오의 영혼을 무덤에서 나오게 영생으로 이끄는 구체적인 주술문들로 구성되어 있다. 주로 신들에게 파라오가 천상에 안전하게 오를 수 있도록 미이라화된 육신과 무덤의 안전을 기원하는 주술(Apotropaic spells), 신처럼 빛나고 힘있는 〈아크〉로의 변신주술(Transition spells), 영원한 생명의 양식을 구하는 주술(Provisioning spells) 등으로 구성되어 있다.

---

피라미드 텍스트에 써있는 주문을 살짝 엿보자.

(주문 223 : 218.c ~ 221.c )
깨어나라 우나스. (뒤돌아) 보라 우나스.

그대는 여기 호루스신의 영토를 통치할 것이다.

그대는 여기 세트신의 영토를 통치할 것이다.

그대는 여기 오시리스신의 영토를 통치할 것이다.

가장 품격 있는 격식을 갖추고 파라오가 제사를 지내도다.

그대는 바-로인클로스(샅바; 이집트의 전통의상)와

케쉐-로인클로스와 샌달을 신고

거룩한 황소를 제물로 바칠 것이다.

그대는 와제 보트를 타고 어디든지 항해할 것이다.

그대의 네케베트[5]홀장은 인간을 지도하고,

그대의 지팡이는 아누비스신처럼 영혼들을 인도하도다.

…

보라. 그대는 얼마나 축복받았는가!

지금 그대는 신들과 그대의 형제들과 함께 하는

위대한 영혼이 되었다.


# 중왕국의 코핀 텍스트(관의 서)와 문학의 르네상스

이집트 문학의 전성기는 상형문자로 쓰인 수많은 이야기들을 배출한 중왕국 시대(2125BC - 1773BC)로 들 수 있다. 고왕국 혹은 그 이전에 구비전승된 각 지방의 이야기들은 중왕국 시대에 와서 활발히 집대성되었고 지역신화와 합쳐져 내용에 더 많은 살이 입혀졌을 것으로 추측하고 있다. 고왕국 시대의 피라미드 텍스트에 등장하는 신들도

이 시기에 와서 보다 대중적인 보편성을 띠게 되었다. 사후세계의 민주화란 그 동안에 파라오에게 국한되었던 특권적 영생의 조건이란 좁은 문이 일반인에게도(공식적으로) 열리게 된 것을 말한다. 이러한 새물결은 당연히 문학의 장르에 흡수되어 반영되었다(사실 고대 이야기를 시, 극, 소설 등의 장르로 분명하게 정의하기 힘든 부분이 있다).

> 기원전 2160에서 2025년 사이(고왕국 말기부터 왕조 후 첫번째 혼란기)를 배경으로 한 고대이집트 이야기 〈수다쟁이 농부〉는 총 4개의 섹션으로 나누어 한장의 긴 파파루스에 기록되었다(시누헤 이야기라는 또다른 이야기와 함께 적혀있다). 작자미상인 이 이야기는 당시의 고위관료의 부당한 행패에 용감하게 맞선 농부의 걸죽하고 맛깔스러운 입담을 주 내용으로 하지만, 그의 해박한 사후세계 입문지식과 군주의 도리에 대한 설교는 당시의 윤리관과 보편적 종교관에 대한 중요한 실마리를 제공해 준다.

피라미드 내부 묘실에 새겨진 주문은 귀족 혹은 일반 부유층의 관에도 새겨지기 시작했고 관의 서(COFFIN TEXTS)라는 이름으로 알려지게 되었다. 물론 관 이외에도 벽돌, 새의 알, 미이라의 천 등 가성비 및 필요에 따라 어디든 적혀졌다. 대부분 관 장식과 함께 쓰였다기 보다는 중왕국 시대의 두드러진 특징 중 하나인 긴 관의 출현[6]과 관을 장식한 대부분의 상형문자의 출처가 바로 피라미드 텍스트이기에 코핀 텍스트(coffin texts) 즉, 〈관의 서〉라는 공식적 명칭을 갖게 된 것이다. 고왕국 말의 왕권약화와 뒤이은 혼란기를 거치면서 800여 년간 지속되었던 절대적 권력의 구조가 깨지기 시작했고, 새로운 생

▲ 〈사자의 서〉 고대 이집트인의 죽은자를 위한 주문서.

각과 자유로운 표현이 문학을 통해 분출되었다. 일례로 1823/24년 영국의 모험가 헨리 웨스트카가 발견해 파피루스 웨스트카[7]란 이름을 갖게 된 파피루스엔 다섯가지 이야기들이 실려있었다. 이들 중 네 번째 이야기가 우리에게 잘 알려진 기자 피라미드의 건설자 쿠푸왕의 이야기다. 여기서 등장하는 쿠푸왕은 위대한 왕의 이미지가 아닌 욕심 많고 성질 급한 지극히 인간적인 모습의 캐릭터로 등장하고 있다. 4천년 전의 고대 이집트인에 의해 직접 묘사된 (물론 작자미상이다) 파라오 쿠푸는 신적인 존재가 아닌 자신의 천상의 안위를 보장해 줄 피라미드를 짓기 위해 지혜의 신 토트의 비밀성소를 찾아해매는 수단과 방법을 안가리는 〈인물〉로 설정되어있다. 물론 스토리에서는 그 결말을 알 수 없지만 수천년이 지난 오늘 우리는 기자의 사막 한 가운데 서있는 쿠푸의 피라미드를 통해 이야기의 결말을 추측해 볼 수 있다. 중왕국 시대는 시대적 흐름속에 고전을 다지고 새로운 사상과 가치관을 세련된 형태로 흡수했던 중요한 시기였다. 이러한 시대적 흐름에 힘입어 상형문자는 〈문자의 르네상스〉 시대를 열며 중왕국 시대의 꽃으로 피어났다.

　　그러나 화려했던 중왕국 시대는 기원전 1800년 경의 13왕조 때에 이르러 세력의 불균형에 직면하게 된다. 12왕조의 왕 아메넴헷 4세가 후계자 없이 죽자 왕비이자 선왕(아메넴헷 3세)의 혈통이었던 소벡네페루 여왕이 잠시 통치하게 된다. 이어 수도 멤피스를 중심으로 소벡호테프 1세가 13왕조를 열게 되지만(분명한 것은 13왕조를 연 소벡호테프 1세는 아메넴헷 4세와 소벡네페루의 정통 혈통이 아니었다) 일찍부터 가나안 및 레반트에서 내려온 서아시아인들이 자신들의 커뮤니티를 형성하며 정착했던 델타지역(지중해에 인접해 있는 하이집트의 삼각주 지역)에서 세력을 모아 반란을 일으키며 이집트 정통왕조인 13왕조와 대립하게 된다. 힉소스인들이라 알려진 이 이민자 세력들은 아바리스를 거점으로 새롭게 14왕조를 세웠다. 이 시기를 힉소스 점령기 혹은 제2 혼란기라 부르며 중왕국 시대의 화려했던 350여 년간의 번영에 안녕을 고하게 된다.


## 신왕국의 화려한 재입성 – Warrior Pharaohs

이집트 정통왕조는 상이집트의 테베(현 룩소르)에서 왕조의 마지노선을 지키며 하이집트의 아바리스와 이집트 중부지역 그리고 남쪽의 키스 혹은 쿠세(Cusae) 지역까지 접수한 힉소스인들과 수대에 걸친

혈전을 벌였다. 극명한 예로 힉소스인들과의 치열한 전투에서 전사한 17왕조의 타오 세켄레 왕(재위1560BC - 1555BC)의 미이라 얼굴엔 약 5개의 깊이 패인 도끼자국이 남아 있었다. 타오의 아들인 장자 카모세 역시 아버지의 복수를 위해 힉소스인과 싸우다 장렬히 전사한다. 그러나 타오왕의 부인이자 카모세의 어머니인 아흐호테프 왕비는 남편과 아들을 앗아간 힉소스인들과 싸우며 어린 왕손인 아흐모세를 키웠던 불굴의 정신을 가진 여전사였다. 놀라운 사실은 전쟁에서 참혹하게 전사한 타오 세켄레 왕의 시신을 힉소스인에게서 돌려받고 이집트식 장례를 치렀다는 점인데 이는 유래 없는 일이자 당시의 팽팽한 긴장국면으로선 도저히 불가능해 보이는 상황이기 때문이다. 힉소스 왕조와 아흐호테프 왕비 사이에 어떤 밀서 혹은 거래가 있었는지 알 수는 없겠지만 아흐호테프 왕비의 외교적 능력과 노력을 엿볼 수 있는 역사적 사건이 아닐 수 없다.

후일 왕손인 아흐모세가 자라나 힉소스인들을 이집트 땅에서 몰아내고 이집트를 다시 되찾으며 통일왕조를 이룩하게 된다. 이렇게 드라마틱하게 문을 연 신왕국(1550BC - 1070BC)은 18, 19, 20 왕조에 걸쳐 그 시작만큼이나 진취적인 열혈 파라오들을 배출했다. 가깝게는 남쪽의 누비아(현 수단)와 서쪽의 리비아 그리고 동쪽 시나이 반도를 넘어 레반트 지역에 이르기까지 신왕국의 파라오들은 세력확장 및 무역원정을 끊임없이 지속했다. 하쳅수트, 투트모시스 3세, 아멘호테프 3세, 세티 1세, 라메세스 2세 등은 이집트를 〈황금문명국가〉로의 명성을 얻게 한 쟁쟁한 파라오들이었다. 18왕조의 10번째 왕이었던 아멘호텝 4세[8]에게 메소포타미아의 미타니 왕국에서 보낸 편지[9](종이가 아닌 점토판 타블렛을 사용했으며 당시의 행정공용어였던 아카디아어로 쓰여있었다)를 통해 고대 이집트 왕국이 황금문명국으로서의 당시 명성을 얼마나 떨치고 있었는지를 엿볼 수 있다. 미타니의 투쉬라타 (그의 딸 타두키파는 아멘호텝 4세의 아버지 아멘호텝 3세와 결혼했으며 후일 아멘호텝 4세의 즉위와 함께 다시 아멘호텝 4세의 부인이 되었다) 왕이 아멘호테프 4세에게 보낸 편지 내용에는 이런 글이 적혀 있다.

> 선왕이신 당신의 아버지 미무레야(아멘호테흐 3세)께선
> 순금으로 만든 황금 동상과 라피즈 라줄리로
> 만든 동상들을 보내주신다고 약속했었소.
> 나의 사신들은 이집트로 가 실제로
> 그 황금동상들이 세워져 있는 것을 목격하기도 했다오.
> 그러나 나의 형제인 그대 (아멘호테프 4세)는 순금이 아닌
> 도금 입힌 나무 동상들을 보냈소.
> 그대의 나라 이집트에선 모래만큼이나
> 황금이 흔하다고 들었소.
> 그러니 내게 약속한 황금동상을 보내주기를 요청하니…

이 시기의 이집트(1352BC - 1336BC)는 아멘호테프 4세의 종교개혁과 수도이전 그리고 대외관계 및 무역원정에 대한 소극적인 행정으로 국가재정이 어려운 시점이기도 했으나, '순금이 모래알처럼 많은' 부유한 황금왕국으로서의 대외적 이미지는 여전히 건재함을 알려주는 역사적 기록이다.

이런 이집트 황금왕조도 신왕국 후기의 내부혼란과 지중해 소국가들(일명 the sea people; 바닷사람들)의 지속적인 침입으로 왕권이 흔

들리고 경제적인 타격이 심화되었다. 결국 BC 664년의 아시리아의 침략과 525년의 페르시아 제국의 침입, 332년의 알렉산더 대왕의 이집트 점령 그리고 30년에 로마제국에 속국화 되고 결국 기원후 640년에 오트만제국의 점령으로 3200년 동안의 〈황금문명왕조〉의 파라오 시대가 막을 내리게 된다.


## 문자와 문명의 암흑기로의 서막 – The Prelude

그러나 여기서 파라오 왕조의 마지막을 장식했던 프톨레마이오스 왕조에 대한 언급을 빼놓을 수 없다. 알렉산더 대왕은 BC 332년 페르시아인들을 몰아내고 이집트의 새 종주권자가 된다. 하지만 페르시아 제국의 100여 년 간의 혹독한 압제에 시달리던 이집트인들은 알렉산더 대왕의 친이집트 정책에 환호했고 자연스런 융화가 이루어지기 시작했다. 323년 알렉산더 대왕의 갑작스러운 죽음으로 알렉산더 대왕 휘하의 디아도코이(Diadochoi) 즉, 대왕의 측근이었던 장군들인 프톨레마이오스, 안티고누스, 카산더, 셀레우코스는 각각 이집트, 아시아 마이너(Asia – Minor: 서남아시아 지역으로 대부분 현 터키지역), 마케도니아 그리고 셀레우쿠스 제국을 나누어 다스리게 된다. 프톨레마이오스 소테르 장군은 이집트의 프톨레마이우스 왕조를 열어 알렉산더 대왕의 친 이집트 정책을 유지했고 그 스스로 파라오로 즉위하여 헬레니즘 문화와 이집트 문화를 자연스럽게 융화시키는 정치를 펴나갔다. 이렇게 그리스 문화와 이집트 문화과 균형을 이루며 건 300년 가까이 평화를 유지했지만 이런 문화적 교류와 안정도 기원전

30년에 이르러 로마제국의 강력한 세력확장과 전쟁에 휘말리게 된다. 후일 로마황제가 된 영리한 옥타비안이 클레오파트라 7세와 연인이었던 마크 안토니 장군을 물리치며 이집트를 접수하게 되고 종국에는 로마제국의 수많은 주(province) 중의 하나로 만들어 버렸기 때문이다. 하지만 이집트 문명의 실질적인 종말은 테오도시우스 1세 때 이루어지게 된다.

AD 392년 로마황제 테오도시우스 1세는 모든 이교도의 신전을 폐쇄하고 3200년동안 사용되었던 이집트 고유의 언어와 문자의 사용을 금지시켰다. 그 후 약 1500년 동안 고대 이집트 문자는 그 의미가 상실되고 잊혀져 결국엔 문자였다는 사실조차 알지 못하는 암흑기를 맞이 하게 된다.

문자의 상실은 문명의 상실과 함께 공존하며 눈앞에 펼쳐진 수천년의 역사가 기록의 상실과 함께 상실되었던 것이다. 연이은 제국주의 열강의 혼돈 속에서 황금문명은 모래 속에 묻혀져 잊혀졌고 아이러니하게도 후일 이 열강의 소용돌이 속에서 다시 황금문명의 기원이 문자와 함께 세상에 드러나게 된다.

이집트 남부 필레섬의 아이시스 신전 입구에 새겨진 아스멧 아콤의 그라피토[10](The Graffito of Asmet Akhom 혹은 Philae 436)는 AD 394년 아이시스 신전의 아스메트 아콤이란 이름의 사제가 누비아 신 만두리스를 찬미하는 내용을 담고 있다. 상형문자와 민중문자(데모틱)[11]로 새겨놓은 이 벽화는 결국 최후의 상형문자 기록이 되었다.

*필레섬에 있던 아이시스 신전은 1960년대에서 1970년에 완공된 아스완 댐 건설로 인해 이집트 남부 나세르 호수 근처의 섬에 옮겨졌다.

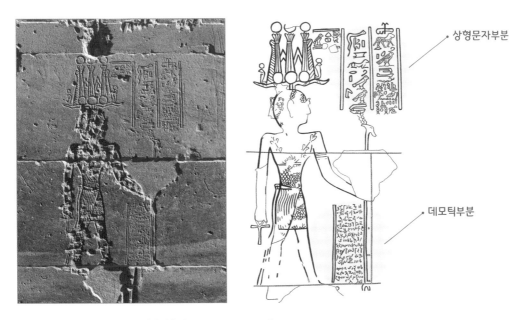

상형문자부분

데모틱부분

▲ Graffito of Esmet-Akhom(사진출처 : en.wikipedia.org)

# 문명의 재발견

### 〈나폴레옹〉과 이집트 원정

젊고 야심 찬 나폴레옹은 군대를 이끌고 1796년 알프스 산맥을 넘어
오스트리아의 수도 빈을 점령한다. 이로 인해 오스트리아는 1797년
10월 17일에 캄포포르미오 조약〈Treaty of Campo Formio - 이탈리
아 북동부 지역〉을 통해 오스트리아령 벨기에와 롬바르디아 등 이탈
리아 북부지방 일부와 코르푸(corfu) 등 이오니아 제도의 섬들을 프
랑스에게 내어주어야 했다. 오랫동안 유럽의 지존으로 기세 등등했던
합스부르크 왕가의 자존심은 프랑스의 젊은 나폴레옹의 과감한 원정
앞에 무릎을 꿇고 말았다. 오스트리아는 베네치아 공화국의 잔존 영
토와 그에 딸린 이스트리아 그리고 달마시안 개의 이름의 원조인 달

마티아(Dalmatia) 지역의 지배권만을 인정받고 프리울리(Friuli) 지역을 간신히 회수했다. 따라서 프랑스는 나폴레옹의 활약으로 이오니아제도의 패권을 장악하며 프랑스 역대 유래 없던 영향력과 영토확장을 이룩하게 된다. 당연히 과감한 결단력으로 승전을 이끈 젊은 나폴레옹의 인기는 프랑스에서 급부상하게 되었고 그의 정치적 위치가 확고해지는 결과를 초래했다. 그러나 유럽을 누비는 나폴레옹의 활약상은 국민들 사이에서의 그의 인기도와 반비례하여 프랑스 내부의 견제세력에겐 그리 달갑지 않았을 것이다.

당시 혁명정부(다섯명의 총재로 구성된 총재정부)는 나폴레옹의 눈꼴사나운 국내의 인기를 견제하기 위한 방법으로 그에게 이집트 원정을 제시한다. 당시 영국에게 효자 노릇을 톡톡히 해주고 있던 인도무역항로(홍해와 지중해)를 차단하기 위해선 이집트만큼 적절한 지역이 없었고 야심만만한 나폴레옹이 이를 거절할 이유도 없었기 때문이었다. 게다가 계몽주의[12]와 유럽의 부유한 지식인층의 고대 이집트 문명에 대한 신비주의적 호기심으로 비롯된 〈황금문명을 향한 탐험과 모험〉의 시대적 주류도 무시할 수 없는 요소가 되었다. 사실 1981년에 개봉된 조지 루카스와 필립 코프먼 각본, 스티븐 스필버그 감독의 모험영화 〈인디아나 존스 : 레이더스, 잃어버린 성궤를 찾아서〉 시리즈는 시대적 배경은 다르나 서구인들의 고대문명을 대하는 태도를 여실히 보여주고 있다. 이들의 〈환상적인〉 모험 속에 내재해 있는 〈지배자적〉 〈우월적〉 의식이 그것이라 할 수 있을 것이다(a founder is a keeper, 찾은 사람이 소유주란 뜻이다. 즉, 한 나라의 국보라도 말이다). 대영 박물관과 루브르 박물관에 소장되어 있는 이집트의 유물들은 그 수를 헤아릴 수 없을 만큼 많고 대부분 이 〈계몽주의적〉, 〈탐험과 모험의 시대〉에 소장된 것들이다. 물론 이 제국주의 시대의 결과물들 속에 〈로제타 스톤〉의 발견은 〈상형문자 해독〉으로 이어졌고 이로 인해 이집트 문명을 재조명하게 되는 학문적 업적은 무시할 수 없는 또 다른 결과물이라 할 수 있다.

## 로제타 스톤 발견의 서막 – 나폴레옹의 과학탐사대

나폴레옹의 정치적 야심과 지적욕구 그리고 고대문명에 대한 탐구심이 맞물려 그는 이집트 원정에 앞서 약 167명의 특수 원정대를 소집했다. 이들은 각 학문 및 예술 분야의 전문가들로서 수학, 과학, 지리학, 지형학, 역사학, 건축학, 농학, 수로학(Hydrography), 동식물학, 고문서학 및 미술학 등을 포함하고 있었다. 이들의 임무는 이집트에 있는 모든 고대문화유산을 습득하고 확보하기 위한 것이었다. 즉, 궁극적으로 지배종주국이 속국의 인벤토리 체킹(Inventroy Checking; 물품 목록 조사기록)을 통해 이집트를 보다 성공적으로 식민지화하기 위함이었다. 나폴레옹과 프랑스의 식민지 정책이 어떠했던 이 167명의 특

수 원정대는 그들의 임무를 사실상 훌륭히 소화해냈다. 18세기 당시의 이집트의 환경과 동식물군 그리고 피라미드를 비롯한 신전들과 신전의 아이템들 그리고 당시 이집트인들의 생활상 및 주거 등 상당히 자세하고 과학적인 방법으로 구석구석의 모든 이집트의 모습을 스케치하고 기록하고 측정했다. 사실상 이런 나폴레옹의 철두철미한 이집트 식민지 정책은 결과적으론 이집트학의 근간을 이루는 중요한 학술적 기록들과 성과를 가져왔지만 나폴레옹의 이집트 식민지화의 야심은 3년도 채 안 되어 1801년 영국에 꺾여버리고 만다.

## 로제타 스톤과 문명의 재발견

우리에게 잘 알려진 로제타 스톤은 1400년 동안 비밀에 싸여 있던 고대 이집트 문자를 해독하는 결정적인 열쇠가 된 중요한 유물이었다. 또한 상형문자의 해독은 고대 이집트문명을 제대로 이해하고 체계화할 수 있게 했으며, 이로 인해 인종차별주의적 문화와 문명의 선입견적 계보를 정정하는 큰 공을 세웠다. 〈검다〉 혹은 〈검정〉이 주는 색깔은 〈어둠〉 〈공포〉 〈불확실성〉 등 현대문명 속에서 일부 부정적인 이미지로 한동안 분류되기도 했다. 따라서 참으로 오랫동안 검은 아프리카(Black Africa)는 그 우월적 문명의 뿌리에도 불구하고 현대사 속에서 침략과 속국의 반복에 시달리며 본연의 가치와 의의를 상실했다.

사실 1799년 로제타 스톤의 발견 당시 영국의 토마스 영이 해독의 선두를 끊었음에도 프랑스의 젊은 언어학자 샹폴리옹에게 〈상형문자 해독자〉로서의 왕관을 내어줄 수 밖에 없었던 결정적인 이유가 바로 블랙 아프리카에 대한 선입견 때문이었다. 토마스 영은 이집트 상형문자가 현대문명국의 문자체세와 같은 기호＋음가의 시스템을 가지고 있을 것이란 사실을 인정할 수 없었다. 물론 샹폴리옹 역시 처음엔 이러한 선입관으로 연구를 시작했었다. 하지만 자신의 연구에 박차를 가하던 중 난관에 부딪친 그는 언어학적 논리로 자신의 선입견을 극복하고 돌파구를 찾게 된다. 해독의 과정 속에서 그는 피부색 (인종차별)과 문화적 선입견을 배제했던 것이다. 사실 지금은 이러한 사실들이 어떻게 걸림돌이 될 수 있을까 생각할 수도 있을 것이다. 하지만 당시의 아프리카는 현대 문명국들에게 지배를 위한 하위문화에 속한 식민지역으로 치부되었다. 수천년 동안 문화적 자긍심을 지켜왔던 이집트 황금문명은 그들에게 도굴과 보물로 가득한 금광이었을 뿐, 정치, 경제 조직을 갖추고 고도의 문자체제를 가지고 있던 인류지성의 중심이었다는 사실을 알 수 없었기 때문이다.

## 문명의 지문, 로제타 스톤

1799년 나폴레옹의 이집트 원정대는 이집트 북쪽(하이집트 델타지역: 역주) 지중해 연안 도시인 로제타(Rosetta 또다른 이름은 라쉬드/Rashi) 지역을 점령하고 있었다. 당시 피에르 프랑소와 부샤(Pierre François Bouchard 1771 - 1822: 수학교사이자 엔지니어)는 나폴레옹의 과학탐사대 일원으로 해안 경계를 위해 세워진 줄리앙 요새(Fort Jullian)[13] 방벽을 순찰 중이었다. 부샤는 과학탐사대의 일원답게 예사롭게 보이지 않는 돌을 요새벽에서 발견하고 곧 상사에게 보고하게 되는 데 이것이 바로 프톨레마이오스 5세의 칙령이 쓰인 석비였던 것이다. 부샤의

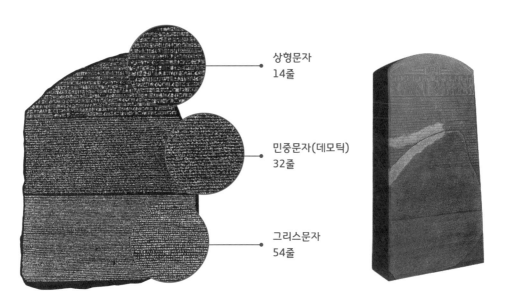

상형문자
14줄

민중문자(데모틱)
32줄

그리스문자
54줄

▲ 왼쪽은 로제타 스톤의 탁본 형태 오른쪽은 실제 모습으로 추정하고있다.

이 발견은 찬란했던 이집트문자의 비밀을 푸는 결정적인 열쇠가 되었고 이 석비의 이름은 발견된 지역을 따라 로제타 스톤으로 우리에게 알려지게 되었다.

## 로제타 스톤의 숨겨진 비밀

기원전 196년 멤피스의 사제들이 프톨레마이오스 5세의 파라오 즉위를 축하하고 그의 치적을 기념하기 위해 세웠다. 이 석비의 주된 내용은 재위 당시 겨우 5살이었던 프톨레마이오스 5세가 멤피스 사제들에게 베푼 세금면제 특례에 대한 찬미가 그 중심 내용이다.

프톨레마이오스 5세의 아버지인 선왕 프톨레마이오스 4세와 어머니인 알시노에 3세가 동시에 갑작스러운 의문의 죽음을 당하게 되었고 이로인해 어린아이였던 프톨레마이오스 5세가 서둘러 왕위에 오르게 되었던 것이다. 음모와 책략 그리고 파라오와 왕비의 죽음(혹은 암살)으로 무섭고 살기등등했을 당시의 상황이 그리 어렵지 않게 그려질 수 있을 것이다. 어찌되었건 만들어졌을 당시 2미터가 넘었을 것으로 추정되지만 현재 남아있는 부분은 세로 약 1m 가로 72cm 그리고 두께 28cm로 상단의 반이 훼손되었다. 하지만 육중한 화강섬록암으로 만들어져 원래의 위풍당당한 석비의 모습을 아직까지 찾아볼 수 있다. 현재 대영박물관에 전시되어 있는 데 방문객이 가장 많이 찾는 인기있는 이집트 유물 중 하나가 되었다. 아마도 이는 이집트 상형문자에 대한 전 세계적인 호기심의 반영일 것이다.

## 해독의 실마리

해독을 가능하게 했던 결정적인 이유는 이 로제타 석비가 같은 내용의 텍스트를 3개의 다른 언어로 중복하여 써놓았기 때문이었다. 석비 상단의 맨 윗부분에 쓰인 문자가 미스테리에 싸여있던 고대 이집트 상형문자였고 다음이 데모틱(Demotic) 즉, 민중문자라 불리는 후기 이집트 언어였다. 그리고 마지막으로 하단에 그리스어가 적혀있었다. 나폴레옹의 병사(과학원정대 소속) 부샤가 이 석비를 눈여겨 보았던 이유도 이 마지막 하단에 적혀있던 그리스 문자 때문이었다. 그당시 학자들은 그리스 문자를 읽을 순 있었지만 로제타 스톤 발견 당시 그 누구도 이 석비가 세 가지 다른 언어로 같은 내용을 전달하고 있다는 사실을 알지 못했다. 무엇보다 상형문자를 적어놓은 윗부분이 심각하게 회손되어 단지 14줄의 상형문자만이 남아 있었고 데모틱은 32줄 그리스어는 54줄로 내용상의 일관성을 찾아보기 힘든 상태였다. 물론 읽는 방향도 상형문자와 데모틱은 그리스문자와 달랐다.

　후발대로 로제타 스톤 해독에 합류했던 젊은 샹폴리옹 뿐만이 아니라 이미 여러 언어학자들에 의해 로제타 스톤의 해독이 시도되고 있었다. 샹폴리옹은 로제다 스톤이 발견되었을 당시 겨우 9살이었다.

위에서 언급한 영국의 토마스 영을 비롯해 존 데이비드 아케블라드[14], 바론 실베스테 사시[15]와 같은 언어학자들이 그들이었다. 아케블라드는 프톨레마이오스 시대까지 사용되었던 데모틱의 몇몇 고유명사-그리스, 신전, 이집트-를 콥틱[16] 명사의 14개 음가를 사용해 해독해내기까지 했다. 그의 제자였던 사시 역시 〈알렉산드로스〉의 이름을 로제타 스톤에서 찾아내는 공을 세우기도 했다. 이렇게 1400년 동안 미스터리에 싸여있던 고대 이집트 상형문자 해독의 길이 바로 눈앞에 있었음에도 문자해독의 결정적 열쇠는 쉽게 주어지지 않았다. 문제는 이 명민했던 학자들 그 누구도 콥틱과 데모틱이 상형문자와 직접적인 연관이 있다고 믿지 않았기 때문이다.

데모틱은 기원전 664년 경 후기 이집트(하이집트 사이스 지역 중심)시대부터 신관문자와 함께 병행하여 사용되었다. 데모틱은 상형문자 정자체를 직계로 둔 신관문자보다 서체가 훨씬 단순했기 때문에 행정적, 상업적 문서에 많이 사용되었고 5세기까지도 그 명맥을 유지했다. 무엇보다 프톨레마이오스 시대의 행정관들은 이집트를 효과적으로 통치하기 위해 데모틱을 배우지 않을 수 없었다.

데모틱은 그리스의 알파벳[17]으로 만들어진(8개의 순수 이집트어와 함께) 콥틱문자의 기본 음소값의 뼈대가 되었다. 따라서 여러학자들은 그리스 문자를 기본으로 데모틱에서 상당수의 이집트 단어를 유추할 수 있었다. 하지만 18세기 말의 대부분의 학자들이 결정적으로 놓치고 있었던 것은 데모틱이 상형문자의 직계 혈통이란 점이었다. 무엇보다 그들은 로제타 스톤에 기록된 14줄의 상형문자가 각 기호 안에 음가값을 가진 알파벳형 문자이며 고유의 문법체계를 가진 문

🔲 쟝 프랑수아즈 샹폴리옹

| Hieroglyph | | Demotic | | Coptic | Translit. |
|---|---|---|---|---|---|
| 𓆷 | → | | → | Ш | š |
| | → | | → | ч | f |
| | → | | → | ḫ | x |
| | → | | → | ϩ | h |
| | → | | → | Ϫ | j |
| | → | | → | ϭ | c |
| | → | | → | ϯ | di |

▲ 8개의 순수 이집트 상형문자와 데모틱 콥틱 그리고 음가표

자라는 것을 알지 못했다. 상당히 근접한 해독값을 낸 영국의 토마스 영도 카르투슈 안에 들어있던 왕들의 이름들만이 이 알파벳 형태로 (음가만을 빌려서) 표기되었다고 믿었고 고유한 문자와 문법체계를 가진 언어로서의 기능을 망각하였기 때문이다.

샹폴리옹도 역시 처음엔 이들과 같은 딜레마에 빠져있었고 고전의 시간을 가졌다. 하지만 그는 당시 학자들이 찾아냈던 데모틱의 몇몇 문자들을 자신의 그리스어와 콥틱어의 지식을 발휘하여 상단의 14줄 이집트 상형문자에 적용시켜 나가기 시작했다. 물론 그에게는 운도 따라주었다.

당시 샹폴리옹의 돌파구에는 이집트를 여행하고 탐사한 초기의 여러 탐험가들의 땀과 노력이 있었기에 가능했다. 이들 18세기 아마

▲ 샹폴리옹이 콥틱, 데모틱, 상형문자 차트표를 정리한 것

다시에(Lettre à M. Dacier)는 1822년 이집트 학자 샹폴리옹(Jean-François Champollion)이 프랑스 Académie des Inscriptions et Belles-Lettres(1663년 2월 프랑스 인스티 투트(Institut de France)의 5개 아카데미 중 하나로 설립된 프랑스 인문학 협회: 역주)의 비서관 다시에(Bon-Joseph Dacier)에게 보낸 편지형태의 서식의 일부이다.

추어 탐험가들이 남긴 여러 이집트 스케치 및 상형문자 필사본들은 많은 학자들에게 도움을 주었고 샹폴리옹 역시 이들 중의 최대의 수혜자가 되었던 셈이다.

윌리엄 뱅크스[18]가 그 대표적인 예인데, 영국의 탐험가이자 아마추어 이집트 학자였던 그는 필레신전의 오벨리스크 베이스에 새겨져 있는 클레오파트라의 이름을 필사해 두었다. 샹폴리옹은 뱅크스의 이 필사본으로 프톨레마이오스와 클레오파트라의 이름을 대조할 수 있었다. 또한 뱅크스의 아부심벨 신전의 라메세스 2세의 카르투슈(파라오의 이름을 적어놓은 고리) 필사본은 샹폴리옹이다. 상형문자를 해독하는데 결정적인 열쇠가 되는 음가기호를 싣고 있었다. 이로인해

샹폴리옹은 1500년 동안 미스터리로 남아있던 이집트 문자의 비밀을
풀어낸 첫번째 이집트 학자로 역사에 이름을 남기게 된다.

## 상식 충족 코너 - 샹폴리옹 에피소드

1822년 9월 14일, 샹폴리옹은 그리스 텍스트를 연구하던 중 '태어나다'라는 뜻을 가진 콥틱
어 'ms'를 보며 골똘한 생각에 잠겨 있었다. 그는 이미 그리스인들이 기록한 (그리스어로)
이집트 왕들의 이름들 속에서 〈라메세스〉의 이름을 유추한 바 있었다.

라－메세스(ms) 샹폴리옹의 유추

그러나 여기서 심각한 고민을 하게되는데 바로 상형문자 기호들이 단순히 음가를 기록하는
것에만 사용되었을까라는 것이었다. 여러 날을 고민하던 그는 바로 아래의 카르투슈를 바라
보다 문득 한 왕의 이름을 떠올렸다.

토트모스

그리스 역사학자들이 기록한 이름 중에 '투트모스/토트모세'의 이름과 위의 카르투슈 안의
따오기 새가 토트신을 나타내고 있다는 사실을 깨달았다. 그리고 콥틱어의 ms가 탄생의 의
미라는 것을 알고 있었기에 〈라－메세스〉와 〈토트메스〉를 함께 연결지을 수 있었던 것이다.
또한 여기서 그는 〈태양신에게서 태어난〉, 〈토트신에게서 태어난〉의 의미를 통해 －두 왕의
신성한 출생. 태양신과 토트신－ 상형문자가 단순히 표음문자만이 아닌 표의문자이며 단어
의 뜻과 문법체제를 가진 언어라는 것을 확신하게 되었던 것이다.
그는 그 길로 형의 집으로 곧장 달려가 "Je tiens mon affaire!", 내가 풀었어! 라고 말한 뒤
기절해 버렸다. 며칠 간 의식이 없었던 샹폴리옹은 깨어나 세계사의 획을 긋는 대발견을 세
상에 공표하게 되었다.

# 2장

# 신의 언어
## 〈메두 네체르〉

# 신의 언어 〈메두 네체르〉

고대 이집트인들의 자신들의 문자를 메두 네체르라 불렀다.

상형문자 기호 ▮ 메두는 말하다/언어/문자라는 뜻이고 상형문자 기호 ⌐ 네체르는 신이란 뜻이다. 즉, 신의 언어란 뜻이다.

우리문자가 '백성(民)을 가르치(訓)는 바른(正) 소리(音)'란 뜻의 〈훈민정음〉 이 그 본래의 뜻인 것처럼 이집트인들은 문자가 신이 사용하는 신성한 언어라 믿었다.

언어로 의사를 소통하고 문자로 지식과 정보를 공유할 수 있다는 것은 인간만의 특출한 능력이자 권리이다. 하지만 이러한 능력과 권리는 고대문명 속에서 모든 이들에게 보편타당한 것은 아니었다. 따라서 문자를 안다는 것은 지금보다 훨씬 특별한 의미가 있었다.

고대 이집트에선 전 인구의 단 1%만이 문자를 읽고 쓸 수 있었고 파라오와 사제들 그리고 고위관료 및 행정업무를 담당했던 서기관들이 이 특권층에 속했다.

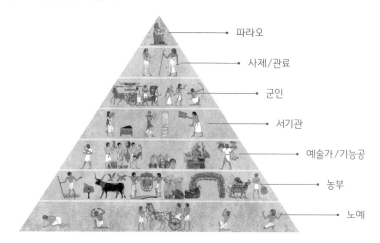

1%의 특권

현실적으론 극히 소수의 특권층만을 제외하곤 대부분의 사람들이 문맹이었단 뜻이다. 그러나 파라오 중심의 신권정치의 표본이었던 고왕국시대를 지나 혼란기를 거치며 일반인들도 글을 배워 신분상승을 할 수 있었다. '개천에서 용 난다'란 우리의 옛 속담이 있듯 농업이 일반인들의 주 업종이던 이집트 사회에서 글을 배운다는 것은 그리 쉬운 일이 아니었다. 무엇보다 이집트의 문자는 신의 언어란 이름답게 복잡한 문자체계를 가지고 있기에 별도의 개인교사를 둔 부유층 이거나 왕족학교 혹은 고가의 자율형 사립학교를 다니는 고위층 자제들이 아니라면 꿈도 꿀 수 없었기 때문이었다. 무엇보다 고대 이집트의 문자학습의 필요성은 직업적 필요성에 그 핵심적 기본을 두고 있었다.

# 토트신의 후예

이집트인들은 그들의 문자가 지혜와 문자의 신인 토트신의 선물이라 믿었다. 토트신은 지혜와 문자의 신일 뿐만 아니라 과학과 마법(상대적이나 고대에서 오랫동안 같은 맥락에서 이해되었다) 및 우주의 질서를 계획하는 법의 신으로 배우자인 마아트 여신(우주의 질서를 유지하는 여신)과 함께 창조된 세상을 잘 돌아가게 하는 막중한 임무를 가진 신이었다. 신왕국 시대에 가서 토트신은 머리에 달의 상징을 쓰며 달의 신으로 업데이트하게 되는 데 여기에는 재미있는 신화적 배경이 깔려 있다.

**토트신**

토트(Thoth, Thot, Θωθ, Djehuti)는 고대 이집트 신화에 등장하는 중요한 신으로서, 지식과 과학, 언어, 서기, 시간, 달의 신이다.

〈하늘 여신의 서〉에 나와 있는 신화[19]에 의하면 하늘의 여신 누트는 땅의 신 게브와 사랑에 빠져 5명의 신을 잉태하게 된다. 이 사실을 안 태양신 라는 질투에 불타 누트여신에게 자신의 태양의 날[20]들 중 어느 날에도 해산을 할 수 없다는 저주를 내린다. 이에 다급해진 누트여신은 지혜의 신인 토트신에게 도움을 청했고 신들의 해결사로 이미 명성이 자자한 토트신은 별로 어렵지 않게 묘책을 알려주었다. 바로 달의 신인 콘수(어린 아이모습의 콘수신의 성장 버전인 이아흐 신으로도 등장) 신의 능력을 빼앗아 오기로 한 것이다 – 물론 일부지만 말이다. 남녀노소 및 신분격차를 떠나 이집트인들이 사랑한 몇가지 게임들이 있는 데 그 중에 무덤벽화에까지 그려진 게임이 바로 세네트 게임이다. 세네트 게임 마니아였던 토트신은 순진한 콘수신을 꼬드겨 게임을 하자고 청한다. 그리고 승자는 상대의 파워를 가져오는 것이었다.

물론 토트신은 다섯판을 연승하고 콘수신은 게임 룰에 따라 자신의 달의 힘을 토트신에게 나누어 주었다. 토트신은 달의 힘으로 다섯 날의 달의 날을 만들어 누트여신이 순산할 수 있게 도와준다. 이 때 태어난 다섯명의 신들이 바로 오시리스, 세트, 대호루스, 아이시스, 네프티스이다. 이후 토트신은 자신의 명성에 달의 힘을 추가하게 된다. 신화에서 보여주듯 토트신은 동정심 많은 오시리스신 못지 않게(인육을 하던 인간들에게 농경과 목축을 전해주었다) 인간에 대한 연민이 큰 신으로 신화 속에서 그려지곤 한다. 토트신은 신들의 지혜와 신비한 힘을 담고 있는 문자를 파라오에게 알려 주었고 이 문자의 힘으로 인간은 신의 능력을 사용할 수 있게 되었다.

파라오와 소수 권력층의 전유물이었던 문자의 특권은 왕조를 유

**🔲 세네트 게임판**

토트신과 콘수신이 했던 세네트 게임은 고대 이집트인들이 즐겨했던 여러가지 게임들 중 하나로서 현재 우리의 보드게임과 별반 차이가 없습니다.

지하기 위해 국가행정과 세금징수 등 각종분야의 일을 담당해야 하는 서기관들에게 나누어 주었다. 후대에 가선 서기관들은 스스로를 〈토트신의 후예〉라 부르며 특권층을 형성했고 중요 사회계급층으로 자리잡게 된다. 토트신은 수천년 후 그리스인들에게 헤르메스라고 불리며 역시 지혜의 신이자 메신저로 숭배된다.

## 극한 직업 고대 이집트 서기

700개가 넘는 문자기호를 배워야 했던 고대 이집트 서기들은 문자를 배우는 것이 그리 만만치 않은 일이었을 것이다. 한글 24자 영어 26자 아랍어 28자의 자음모음 기호체계의 숫자와 비교해 40배가 넘는 양의 기호를 〈기본적〉으로 배워야 했기 때문이다. 당연히 많은 시간과 노력을 들여 그들의 문자를 습득해야 했다. 이들이 글을 익히기 위해 노력했던 흔적들은 5000년이 지난 지금까지도 곳곳에서 발견된다. 서기가 되기 위해선 혹독한 과정을 이수해야 했는데 우선 우리나라의 특수목적 중고등 및 대학교와 비교될 수 있는 왕실 행정부 소속의 서기과에 입학하던지 신전 안에 부설된 서기관 양성소에서 수습생이 되어 수습과정을 거쳐야 했다. 입학시험은 없었지만 수습기간 동안의 많은 과정과 시험에 통과해야 했기 때문에 일단 들어가는 것 보다 졸업하는 것이 큰 관건이었다. 신왕국 시대 때 왕들의 무덤을 건축하고 그림과 글을 장식하는 임무를 맡았던 전문인력들은 왕들의 계곡(무덤공사현장)에서 그리 멀리 떨어지지 않은 곳에 위치한 작은 계획도시(마을)에서 거주했다. 데이르 엘-메디나(Deir el-Medina;

아랍어로 수도원의 도시)로 알려진 이곳의 고대 이집트명은 〈세트 마아트〉로 〈진리의 도시〉란 뜻을 가지고 있다. 이곳에서 서기 수습생들이 글을 배우며 연습용 종이처럼 사용했던 나무칠판과 햇빛에 말린 벽돌조각 및 깨진 항아리 그리고 타조 껍질 등이 발견되었다. 파피루스 식물로 만든 종이는 연습용 종이로 낭비하기에는 비쌌기 때문이었다. 여기에는 이집트 인들의 일상의 사사로운 일들을 적은 노트 및 서신왕래(편지)를 포함해 부당한 처우에 대한 파업기록과 휴가일지 등 당시의 생활상을 구체적이고 생생하게 보여주는 내용들이 적혀 있었다. 물론 이들 내용 중에는 글을 배우기 위한 노력과 선배 및 스승의 엄격한 교습법에 대한 불만과 고충을 적어 놓은 글들이 포함되어 있다.

중왕국 시대의 서기관 케티는 서기관들의 옷차림 및 위생관리 그리고 선후배 간의 예절을 적어 놓은 〈서기관 지침서〉를 남겼다.

## 서기의 기본자세

고대 이집트 서기들은 우리나라의 선비들처럼 양반다리를 하고 바닥에 앉아서 업무를 보았다. 그리고 나무로 만든 직사각형의 휴대용 받침 위에 파피루스 줄기로 만든 종이를 올려놓고 글을 썼다.

**서기 석상**
고대 이집트의 서기관들은 '갈대붓'으로 파피루스에 문자를 썼다.

사실상 이들의 업무는 〈모든 것을 기록하는〉 것에 있었다. 왕실에서 관리하는 땅의 농작물 수확량을 기록하고, 세금을 매기고, 법정에 가서 소송을 기록하기도 했다. 또 해리포터에 등장할 것 같은 오래된 마법의 주문서를 상당량 필사하는 일도하는 일도 중요한 업무 중의 하나였다. 어떤 주문서는 수십미터에 달하는 것도 있었다. 때로는 먼 외국 땅에 원정대와 함께 위험한 원정을 가거나 채석장에 가서 돌가루를 마시며 물품 목록을 만들고 기록해야 했다. 지금처럼 교육이 평준화 되어있지 않았던 고대사회에서 서기라는 직업은 극소수에 불과했기 때문에 상당한 양의 업무가 주어졌다. 물론 힘든 만큼 사회적으로나 경제적으로 많은 혜택을 받기도 했지만 직업상 과도한 업무량에 시달리는 것은 기본이었다.

**📔 필기도구**
고대 이집트 서기관들이 사용하던 필기도구인 팔레트는 대부분 나무로 만들었고 갈대붓에 잉크를 묻혀 사용했다.

### 필기도구

고대 이집트 서기들은 글을 쓸 때 팔레트와 붓을 사용했다.

팔레트는 대부분 나무로 만들었다. 펜은 단단한 갈대 줄기를 잘라 끝을 갈아 잉크를 묻혀 사용했다. 이 갈대붓의 길이는 23cm나 되정도다. 대부분 팔레트엔 검정과 빨강의 두 가지 색 잉크를 담았지만 경제적으로 여유있는 서기들은 노랑, 파랑, 초록의 잉크도 담아 사용했다. 붉은 색의 잉크는 제목을 달거나 신성한 단어를 표기할 때 사용했는데 붉은 색은 산화철성분의 대자석(레드오커/red ochre) 가루를

▲ 고대 이집트 서기관들이 파피루스에 중요 품목들을 기록하고 있다.

기름과 섞어 만들었다.

하지만 평균지능을 가진 일반인이 700여개의 문자기호 체계를 가진 상형문자를 읽고 쓴다는 것은 거의 불가능에 가까워 보인다. 실제로 사용되었던 기호가 200개에서 250개 정도였다고는 하나 이것 역시 우리의 평균 문자갯수를 상당히 초과했던 점에선 별반 다를 바가 없이 느껴진다. 하지만 상형문자는 알파벳 즉, 음소문자로 이루어진 문자체계와는 다른 3차원적 문자형식을 갖고 있기에 배움이 가능했다. 물론 상형문자의 원리를 모르는 현 상태로선 너무도 막연한 말일 것이다. 그러나 표음문자와 표의문자의 완벽한 상호보완 체계와 함께 그림기호가 주는 특성과 장점을 십분 활용할 수 있다는 장점을 가진 문자였다.

그렇기에 높은 문맹률에도 문자의 역할을 튼튼히 수행하며 3000여년 동안 황금문명 속에 그 위치를 당당히 유지할 수 있었던 것이다.

자, 그럼 차분히 상형문자의 기본 원리를 따라가 보자.

# 문자의 시작-그림으로 읽다

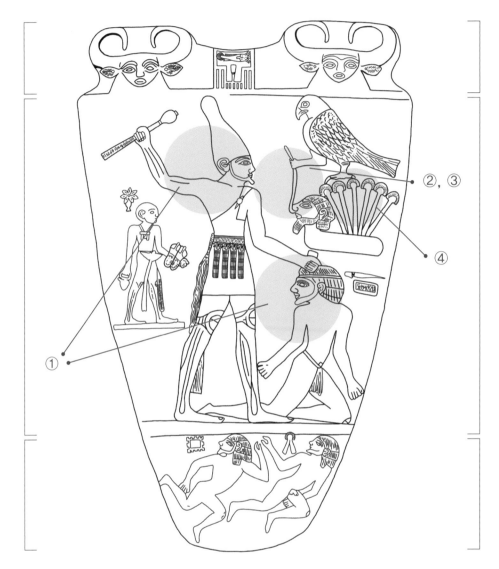

②, ③

④

①

▲ 나메르 화장판 (3200BC)는 히에라콘폴리스의 호루스 신전에서 출토되었다.

우리는 눈으로 보며 이미지를 읽는다. 무엇이 보이는가.

① 첫 시선으로 정중앙의 끝이 둥근 고깔모자를 쓴 중심인물과 그 앞에 무릎을 꿇고 있는 반 벌거숭이 인물,

② 그리고 오른편의 새와 그새가 들고 있는 기이한 모양의 휘어진 막대기,

③ 이것에 코가 꿰인 수염 난 사람머리의 직사각형 도형으로 시선이 옮겨갈 것이다

④ 다음은 도형 위에 길게 뻗어오른 긴 줄기의 식물(식물로 보이지 않을 수도 있다)과 (보다 주의력이 예민한 사람이라면) 식물을 움켜쥔 새의 날카로운 발톱을 발견할 수 있다

자, 그러면 이제 방패처럼 보이는 이 그림을 크게 삼등분할 해보자.

각자의 시선방식이 다르겠지만 대체로 위의 순서로 그림을 읽어 나갈 것이다. 소소한 세부사항들은 상상력과 경험을 자극시키고 이야기를 만든다.

중심부 인물의 특징

끝이 동그란 긴 모자

곤봉

수염

긴 술이 달린 치마와 치마장식

## 중심부 인물은 위협적인가?

인물은 오른손에 곤봉을 들고 왼손으론 무릎을 꿇은 인물의 머리채를 감아 쥐고 있다. 이 모습은 내려침 혹은 제압의 이미지를 우리에게 전달한다.

새 역시 맞은편 인물과 같은 이미지와 느낌을 공유하고 있다. 나머지 그림들인 상단의 뿔난 소와 중심인물 왼편에 서 있는 작은 인물(양손에 무엇인가를 들고 있다) 그리고 하단의 벌거벗은 두 명의 인물들이 있다. 그러나 세부적인 이미지들이 퍼즐의 조각이라면 우리는 이미 전체의 그림을 본 것이나 다름 없다. 중요한 것은 주변의 상징적 장치들을 통해 이미 퍼즐 안의 상징물이 전달하고자 하는 바를 자연스럽게 이해했기 때문이다. 대체적으로 이렇게 말이다.

> 중심인물은 주인공이다
> 중심인물은 악당이 아니라 이 상황을 주도하는 영웅적 인물이다.

왜 우리는 이 중심인물이 악당이 아닌 영웅적 인물로 자연스럽게 인식하게 될까? 그것은 바로 주인공을 둘러싸고 있는 세부 이미지들의 계산된 분할과 역할 때문이다. 뿔 달린 소와 꼬챙이를 든 새는 신성하게 의인화된 이미지로 주인공의 폭력적 행동을 〈긍정〉인 것으로 정당화해주고 있다. 주인공 뒤를 따르는 작은 인물과 주인공의 발 밑에 있는 두 인물의 자세 역시 주인공의 행위에 대한 극적인 〈순응〉을 보여주고 있기 때문이다.

이미지(그림) = 상징 = 정보/전달 = 기호

문자의 핵심적 역할 수행

우리는 상형문자 문맹이다. 하지만 이 석비가 전달하고자 하는 바를 정확히 이해할 수 있다. 즉, 상징적 그림으로 읽히는 것이다.

동시대를 살았거나 같은 문화 및 역사적 배경 안에서 살고 있었던 당대의 이집트인들은 아마도 우리보다 훨씬 더 쉽게 이 그림의 뜻을 이해했을 것이다. 또한 세부 이미지들이 주는 역할과 의미를 정확히 파악하고 있었을 것이다. 한국의 방탄소년단이 아마 좋은 예가 될 수 있을 것이다. 세계적인 브랜드가 된 방탄소년단의 모습은 수없이 많은 실사 이미지(사진), 캐리커처(caricature) 혹은 캐릭터로 만들어졌다. BTS라는 그룹명도 이들의 상징적 이미지와 함께 현대문명 역사 속의 한 부분이 된 것이다.

기원전 3200년 경 화장판 속의 나메르 왕은 분리되었던 상하 이집트를 통일한 당대 최대의 지존급 유명인사였다. 나메르(메기왕이라 불린다) 왕의 천하통일은 북동 아프리카 대륙의 황금 이집트 문명의 첫 획을 긋는 역사적 사건이었기 때문이다.

# 인간 뇌신경계에서 보는
# 표음문자와 표의문자의 능력

인간언어의 고유속성을 연구한 뇌과학자 조장희 교수는 시각적/음성학적 언어흐름과 뇌신경계의 관계에 대한 연구논문을 발표했다(노벨 사이언스 8월호 2020년 : '뇌신경회로에서의 표음문자(phonogram)와 표의문자(Logogram) 언어경로'). 초고자장 7.0T MRI를 이용한 고해상도 트랙토그래피와 브레이네토메 아틀라스(BRAINNETOME ATLAS)와 같은 고정밀 신경과학기술을 이용해 우리 뇌의 신경학적 연결지도를 새롭게 조명한 것이다. 기존의 연구에 따르면 우리 뇌의 읽기 능력은 두 개의 경로로 나누어져 있다. 듣기와 읽기를 담당하는 감각언어영역인 베르니케 영역(WERNICKE'S AREA)과 말하기를 담당하는 운동언어 영역인 브로카 영역(BROCA'S AREA)의 언어 경로 그리고 언어와 인지 기능을 담당하고 있는 전두엽과 두정엽이 그것이었다. 그러나 조장희 교수는 이 두 경로를 명확하게 분리하는 새로운 읽기경로를 발견했다고 밝혔다. 즉, 베르니케 영역과 브로카 영역을 연결하는 〈궁상다발 경로〉와 인지기능의 전두엽과 두정엽을 연결하는 〈등축섬유다발 경로〉를 분리해낸 것이다. 사실 이 연구는 언어경로의 구분체제를 통한 〈상호 기능적 연결성〉을 보여주고 있다. 또한 우리 뇌의 신경계에는 표음문자와 표의문자 언어경로가 뚜렷이 구분되어져 있으며 이런 〈이중 언어회로〉는 언어를 읽기 위한 신호처리 경로를 통해 서로 연결되어 있음을 나타내고 있는 것이다. 따라서 감각언어 능력과 인지능력의 상호연결성을 사실상 증명한 것으로 인간의 지적능력이 신경학적으로 언어와 읽기 혹은 그림/상징/기호 등을 보는 것

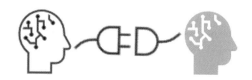

과 연결되어 있다는 것이다. 즉, 우리의 뇌는 이미 지적인 해석과 해독이 가능하며 이는 음가를 가진 기호문자체계의 학습과는 별도로 우리에게 주어진 생물학적 특성이라 할 수 있다. 사실 갑자기 말하다 생각이 떠오른다든지, 처음 보는 것이지만 알 수 있는 것 등은 바로 이런 감각인지 능력과 지적능력이 신경회로적으로 서로 연결되어 있기 때문이라 할 수 있다. 사실 우리의 뇌는 신경회로에 의해 어떤 언어든 학습할 수 있는 시스템을 이미 갖추고 있다는 것이다.

3장

상형문자는
어느 방향으로
읽는가

## 입체적 상형문자

우리가 무심히 읽고 적는 문장의 시작방향을 한번 생각해 보자. 자연스럽게 우리는 왼쪽에서 오른쪽으로 읽고 쓸 것이다. 영어도 마찬가지다. 하지만 제법 많은 나라에서 우리에게 익숙한 방향과는 다른 방향으로 읽고 쓰고 있다. 이스라엘인이 쓰는 히브리어와 중동지방 사람들이 쓰는 아랍어가 바로 그 대표적인 예일 것이다. 또한 일본어와 한자는 위에서 아래로의 세로방향으로 읽고 쓸 수도 있다. 사실 여러 나라의 언어들이 다양한 방향으로 문장을 시작하며 읽는 방향도 다양하다.

그렇다면 이집트 상형문자는 과연 어느 방향으로 읽고 쓰였을까? 끝도 없이 나열되어 있는 듯 보이는 상형문자는 그 시작과 끝을 예측할 수 없어 보여 모든 이의 고개를 갸우뚱하게 만들게 한다.

하지만 사실상 그 실마리는 어처구니 없을 만큼 간단하고 합리적이다. 무엇보다 아주 약간의 관찰력만 있다면 상형문자를 읽는 방향을 금새 알아차릴 수 있다.

## 문장의 방향은 동물이 결정한다

상형문자를 읽을 수 없더라도 읽는 방향을 알 수는 있다. 소제목 처럼 이집트 문장은(문장이라 느끼지 못하더라도 상관없다) 바로 동물들이 바라보는 방향으로 결정되기 때문이다. 또한 동물들의 신체부위를 나타내는 기호가 문장 안에 있다면 그 신체부위가 바라보고 있는 방향이 바로 문장이 시작되는 방향이 된다.

아래의 상형문자는 '그는 보고 있다' 라고 쓰인 문장이다.

자세히 그림기호들을 살펴보자. 우선 사람의 눈과 새 두 마리 그리고 뿔달린 뱀을 찾아볼 수 있다 (*눈 위에 그려진 기호는 농사도구 중 하나인 '낫'이지만 여기선 별로 신경쓰지 않아도 된다).

이 일련의 그림기호 속의 새와 뱀은 모두 왼쪽을 바라보고 있고 눈도 자세히 관찰해 보면 눈물샘이 왼쪽을 향해 있다는 것을 알 수 있다.

즉, 이 문장은 왼쪽에서 오른쪽으로 읽어야 한다는 뜻이다(우리 글의 읽는 순서와 같다).

그러나 만일 새와 뱀이 오른쪽을 바라보고 있다면 이 문장은 오른쪽에서 왼쪽으로 읽어야 한다(히브리어나 아랍어의 읽기 순서와 같다).

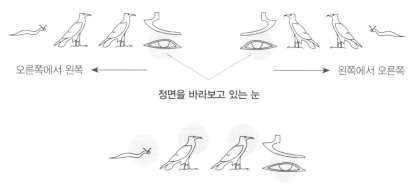

〈읽는 방향〉

오른쪽에서 왼쪽 ←　　　　　　　　　　　→ 왼쪽에서 오른쪽

정면을 바라보고 있는 눈

오른쪽　　　　──────────→　　　　왼쪽

　　　따라서 동물이 오른쪽을 바라보고 있다면 오른쪽에서 왼쪽방향
으로 이와 반대로 왼쪽을 바라본다면 왼쪽에서 오른쪽 방향으로 읽
어야 한다는 뜻이다. 위의 경우처럼 상형문자 그룹이 마주보고 나열
되어 있다면 그룹의 시선 방향대로 양쪽으로 각각 나누어 읽어 나가
면 된다.

▲ BM EA 585 석비 중왕국 12왕조의 사레네누테트의 석비

　　위의 석비는 대영박물관에 전시되어 있는 석비이다. 이 석비의 주인공인 사레네누테트는 이집트 중왕국 12왕조 시대의 사람으로 왕의 명령을 받아 신전의 곡식창고를 책임졌던 제법 신분이 높은 인물이었다. 위 그림에 새겨진 상형문자를 살펴보면 석비에 새겨진 동물들은 모두 오른쪽을 바라보고 있다는 것을 알 수 있다. 즉, 이 석비의 상형문자는 오른쪽에서 왼쪽으로 읽어야 한다고 지시하고 있는 것이다. 하지만 여기서 한 번 더 눈여겨봐야 할 것은 바로 이 석비의 주인공인 사레네누테트의 시선이다. 사레네누테트 역시 오른쪽을 향해 앉아서 동물들과 같은 방향을 바라보고 있다. 이렇듯 석비의 주인공의 시선방향 역시 상형문자의 읽는 방향과 일치한다는 것을 알 수 있다.

# 석비의 제사문구

파라오가 오시리스 신께 바치는 제사:

제주[21](Djedu)의 주인이시며, 아비도스의 주인이신

오시리스 신께 파라오가 제사를 바치오니,

천개의 빵과 맥주와 황소와 가금과 알라바스타와 리넨천 등

신이 누리시는 모든 귀한 것을 고인의 카에게도 선사해 주실 지어다.

신들께 바치는 봉헌물의 헌사자, 두 개의 곡식창고의 회계사,

사레네누테트···

풍성해 보이는 제사상을 앞에 두고 앉아 있는 사레네누테트의 머리 바로 위엔 사후세계에 가서도 잘 살기를 바랬던 사레네누트의 소망이 상형문자로 새겨져 있다. 위의 제사문구를 통해 사레네누테트가 자신의 영혼이 사후세계의 통치자인 오시리스 신을 만나 신과 함께 영원한 풍요 속에서 복락을 누리길 원했다는 것을 알 수 있다.

이집트인들에게 문자는 신들이 선물해준 〈사후세계 보험〉이나 마찬가지였다. 왜냐하면 어떤 소원이던 일단 한번 글자로 새겨지면 사후세계에서 모든 것이 적혀진 그대로 이루어진다고 믿었기 때문이다. 이집트인들이 그들의 문자를 〈신의 언어〉라 부르며 신성시했던 것은 〈헤카〉 혹은 〈마법〉이라 불렸던 신의 능력이 문자에 그대로 들어있다는 믿음 때문이었다.

## 각각의 기호 속에도 읽는 순서가 정해져 있다?

읽는 방향이 결정되고 나면 이제 각각의 기호를 순서대로 읽는 방향을 다시 결정해야 한다. 기호들의 나열 속에도 단순하지만 분명한 규칙이 있기 때문이다. 위에 나열된 상형문자는 동물의 보는 방향이 왼쪽을 향하고 있으니 왼쪽에서 오른쪽으로 읽어야 한다는 것을 알 수 있다.

그리고 그룹지어진 상형문자 기호는 받침이 있는 우리한글처럼 한자 한자 겹쳐저 하나의 블록을 형성하고 있다고 생각하면 된다.

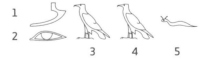

따라서 문장 안의 읽는 순서 역시 한글처럼 위에서부터 아래로 사이좋게 읽으면 된다.

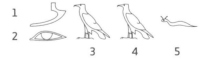

상형문자의 그룹화(Grouping)는 한글받침과는 다르다. 상형문자는 쓰여지는 공간을 절약(최대한 활용)하기 위해서 혹은 미학적인 이유로 그룹화하기 때문이다. 한글은 위의 예처럼 〈눈〉을 넓은 종이 위에 쓸 수 있다고 해서 ㄴ ㅜ ㄴ 이라고 쓰지는 않기 때문이다. 한글의 모든 기호(낱자)는 한데 모아써야 한다. 닿소리 즉 자음을 먼저 쓴 후 그 오른쪽 혹은 아래에 홀소리(모음)을 적고 모든 받침은 자음과 모음 밑에 놓는다. 하지만 상형문자 단어는 이런 법칙과는 다르며 생략과 단축 그리고 자음간의 위치 또한 변경이 가능하다.

## 상형문자 읽는 순서 연습해보기

자 그럼 상형문자 읽는 순서를 간단히 연습해 보기로 하자.

◎연습 1

- 항상 먼저 동물(혹은 사람)이 보고있는 방향을 확인해 본다. 여기서 뱀은 어느 쪽을 보고 있나?
- 방향을 발견했다면 방향이 가리키는 순서대로 번호를 써보자.

●정답

⟶ 왼쪽에서 오른쪽

◎ 연습 2

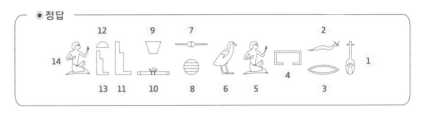

· 조금 긴 문장이지만 방향을 결정해 읽는 순서를 정하는 것에는 아무 문제가 없을
  것이다. 위에서 했던 방법 그대로 동물의 시선방향을 먼저 발견한 후 방향에 따라
  읽는 순서를 적어보자.

◉ 정답

이번엔 뱀의 머리가 오른쪽을 보고 있으니 오른쪽에서 왼쪽으로

그림기호를 읽는 방향에 맞추어 위에서 아래의 순서로 읽는 것
을 잊지 말자.

▲ 신왕국 20왕조의 두번째 파라오인 라메세스 3세의 이름이 새겨진 벽화이다. 카르낙 신전 안
  에 있는 콘수 신전 내부(사진출처: commons.wikimedia.org)

· 힌트는 바로 이곳 중심에 있다. 이 중심을 기점으로 지금까지 익힌 우리의 지식을
  활용해 보자.

- 왕의 이름을 담은 긴 고리는(카르투슈)는 무시하라. 신의 이름이 들어간 파라오의 이름을 읽는 법은 다르기 때문이다.

정답

▲ 중심의 ⚲ 이 기호를 기준으로 양쪽의 동물이 바라보는 방향을 기준으로 읽어 나간다.

# 쓰여진 대로 이루어지는 마법의 언어

고대 이집트의 건축물과 유물들을 자세히 살펴보면 크고 작은 모든 것에 빠짐없이 등장하고 있는 것이 있다.

그것은 그들의 문자 메두 네체르, 바로 상형문자다. 이집트인의 문자에 대한 집착은 앞에서 언급했듯 바로 〈헤카〉 즉, 마법의 힘이 문자에 들어 있다 믿었기 때문이다. 쓰여지고 새겨지는 순간부터 〈헤카〉가 프로그램된 것이다. 사제나 가족 혹은 그 누구든지 쓰여진 명구를 소리내어 〈읽게〉 되는 순간 프로그램은 실행된다. 물론 소리 내어 읽지 않아도 이미 문자에 프로그램된 내용들은 사후세계에서 실행된다 믿었지만 소리내어 읽어 주면 헤카의 힘이 더 커진다고 믿었

🐞 **심장부적**

미이라의 심장을 보호해주는 〈심장부적〉

▲ 죽은 자를 위한 저승세계 가이드북인 〈사자의 서〉

다. 그래서 석비에는 종종 자신의 무덤을 지나가는 사람들에게 새겨진 명구를 읽어 달라고 호소하는 무덤주인의 요청이 적혀 있다. 물론 대다수의 사람들은 문맹이었지만 신들께 바치는 중요한 제사문구를 구비전승을 통해 암기해 사용했을지도 모른다. 긴 제사명구를 직접 읽지 않고 외워 읊는 전통은 동양문화에서 그리 낯설지 않은 일이다.

### 상식 충족 코너 – 샤브티의 비밀

무덤 속 미이라와 함께 매장된 부장품들 중 대표적인 예로 샤브티란 인형이 있다.
샤브티는 사후세계에서 주인이 부를 때면 / 혹은 주인의 이름이 불릴 때면 언제나 살아나 주인을 위해 온갖 험한 일을 대신 해주는 램프의 요정 같은 존재다. 샤브티의 몸에는 상형문자로 주문이 써져 있어 꼼짝 없이 주인의 말에 복종해야 한다. 샤브티를 사후세계에 많이 가져갈수록 편안한 생활을 할 수 있다고 믿었기에 부유한 사람들은 수백개나 되는 샤브티를 무덤에 함께 묻었다.

📿 샤브티

〈응답하다〉라는 뜻을 가진 샤브티 인형

# 신전 문지기 마아티의 소망

위의 석비는 2050년에서 2030년경 살았던 마아티라는 사람의 비석이다. 그의 직업은 신전 문지기였다. 하지만 그의 직업은 신전 입구에 보초를 서는 일이 아니라 신전의 여러가지 행사를 주관하고 기록하는 제법 좋은 직업 중의 하나였다. 마아티는 마주 보고 앉아 있는 제사상에 자신이 평소 좋아하는 음식과 사후세계에 가서도 영원히 즐기고 싶은 품목들을 꼼꼼히 적혀(새겨) 있었다. 마티가 왼손에 들고 있는 기다란 것은 바로 향료병이다.

메레케트라는 이름의 향연고병에는 아마도 마아티가 평소에 좋아 하던 향기가 들어 있었을 것이다.

영생을 살아야 하는 사후세계에서 석비는 주식이었던 빵과 맥주 그리고 고기와 생선 등을 끊임없이 제공하기 위해 실물의 제사상을 대신하고 있다.

마아티의 무릎 앞에 놓여져 있는 이 기다란 모양의 것은 바로 빵이다. 프랑스의 바게트 빵처럼 길쭉한 빵을 고르게 일렬로 상 위에 차려 놓았다. 이 길쭉한 빵은 마아티가 사후세계 무사히 통과해 천국인 〈축복받은 갈대 밭〉에 있음을 상징하고 있다. 빵의 기호적 선택보

다는 제의적 의미가 있는 갈대 모양의 빵인 것이다.

또한 마아티는 자신이 읽고 쓸 줄 아는 훌륭한 사람임을 과시하기 위해 의자 밑에 이집트의 종이인 파피루스를 담은 상자를 그려 놓았다.

## 네바문의 아름다운 벽화

네바문은 자신이 꿈꾸는 사후세계 생활이 실제로 일어나고 영원히 지속되도록 특별한 장치를 해 놓았다. 바로 문자의 힘을 빌어서 말이다. 오른쪽의 그림은 신왕국 시대인 기원전 1500년 경에 살았던 네바문이란 회계사의 무덤벽화다. 네바문은 스포츠를 좋아하던 활동적인 사람이었다. 가족들과 함께 나일강에서 보트를 타고 새사냥을 즐겼다. 또한 그는 반려 동물 애호가였다. 왼쪽 하단을 자세히 살펴보면 네바문의 애완 고양이를 찾아 볼 수 있는 데 주인을 도와 날렵하게

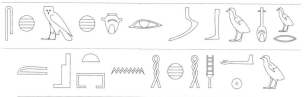

sḫmḫ ib m ꜣꜣ bw nfr m st nḥḥ ꜥḥꜥw

세케메크 이브 마아아 부 네페르 엠 세트 네케크 아하우

이 아름다운 곳에서

매일매일 여흥을 즐기고 있는 (나를) 보라!

날아올라 새를 덥썩 물고 있는 장면이 상당히 실감나게 묘사되어 있다. 이 고양이가 네바문의 사랑을 듬뿍 받았던 것을 증명해 주는 결정적인 증거가 고양이 안에 숨어 있다. 지금은 훼손되었지만 고양이의 눈은 원래 금박으로 도금이 입혀져 있었다. 그러나 안타깝게도 고양이 눈을 덮고 있던 도금을 도굴꾼이 긁어서 가져가 버렸다. 고양이 몸의 섬세한 줄무늬 또한 사실감을 더해주고 있는 데 아마도 자신이 아끼던 고양이를 특별히 신경 써 그릴 것을 벽화공에게 부탁했을지도 모른다. 3500년 이상 보존된 아름다운 벽화 속에서 네바문이 여전히 살아 있음을 생생히 느끼게 된다.

물론 석비만이 아니라 이집트인들은 자신들의 무덤에도 아름다운 벽화와 글을 새겨 놓고 영생의 아름다움을 꿈꿨다.

네바문 벽화에 표시한 동그란 부분의 상형문자엔 이런 글이 써져 있다.

# 4장

# 상형문자
# 기호의 이해

# 이집트 문자기호: 피라미드만큼 방대하다?

이집트 상형문자와 우리 문자는 공통점과 다른 점은 무엇일까? 한글은 자음과 모음을 합쳐 총 24개, 영어는 26개의 문자로 되어있다.

**한글(24자)**

| 자음 | ㄱ | ㄴ | ㄷ | ㄹ | ㅁ | ㅂ | ㅅ | ㅇ | ㅈ | ㅊ | ㅋ | ㅌ | ㅍ | ㅎ | 14개 |
|------|----|----|----|----|----|----|----|----|----|----|----|----|----|----|------|
| 모음 | ㅏ | ㅑ | ㅓ | ㅕ | ㅗ | ㅛ | ㅜ | ㅠ | ㅡ | ㅣ | | | | | 10개 |

**기호의 명칭**

| ㄱ | ㄴ | ㄷ | ㄹ | ㅁ | ㅂ | ㅅ | ㅇ | ㅈ | ㅊ | ㅋ | ㅌ | ㅍ | ㅎ |
|----|----|----|----|----|----|----|----|----|----|----|----|----|----|
| 기역 | 니은 | 디귿 | 리을 | 미음 | 비읍 | 시옷 | 이응 | 지읒 | 치읓 | 키읔 | 티읕 | 피읖 | 히읗 |

**홀소리**

| ㅏ | ㅑ | ㅓ | ㅕ | ㅗ | ㅛ | ㅜ | ㅠ | ㅡ | ㅣ |
|----|----|----|----|----|----|----|----|----|----|
| 아 | 야 | 어 | 여 | 오 | 요 | 우 | 유 | 으 | 이 |

**영어(26자)**

| A | B | C | D | E | F | G | H | I | J | K | L | M |
|---|---|---|---|---|---|---|---|---|---|---|---|---|
| N | O | P | Q | R | S | T | U | V | W | X | Y | Z |

한글과 영어의 알파벳의 기호(=문자)는 고유의 소리를 가지고 있다. 그리고 이것을 음소문자 쉬운 말로 소리글자라고 한다. 즉, 한글의 ㄱ은 '그'로 소리나고 ㄴ은 '느'로 소리나는 소리값을 가진 글자로서 문자기호 하나 당 하나의 소리 값을 가지고 있다. 영어도 마찬가지로 A는 'a - 아' B는 'b - 브'라는 소리 값을 갖는다. 이집트 상형문자도 바로 이 소리글자이다. 하지만 두 가지의 다른 점이 있다.

첫번째, 상형문자의 기호는 문자기호 한 개당 적게는 한 개 많게는 세 개의 소리 값을 가지고 있다.

**고왕국 2왕조 세트페립슨 무덤인장**

"옴바이트(세트)가 두 땅(상하이집트)을 아들인 페립슨 왕에게 수여하노라"[22] 라고 적혀있다.
(기원전 2700년)

두번째, 상형문자는 오로지 자음만을 표기한다.

공통점은 한글, 영어와 마찬가지로 이집트 상형문자 역시 문자 기호들로 이루어졌다. 이집트 상형문자가 프로토 타입으로 처음 나타났을 때는 기원전 3500년 경이다(아비도스 및 나카타 지역에서 발견된 상징적 그림 혹은 단어들이 도기 및 인장 등에 새겨져 있었다). 하지만 문장의 형식을 갖추어 등장한 것은 기원전 3200년 경부터인데 이집트 남부 히에라콘폴리스에서 발견된 최초의 통일 왕 나메르의 화장판이 좋은 예이다.

완벽한 문법적 구조를 갖추고 완전한 문장으로 쓰여진 것은 기원전 2700년 경 고왕국 2왕조 때의 세트페립슨 무덤 인장을 통해서이다.

하지만 그들의 문자수는 한글과 영어의 글자수와 비교해 그 사이즈 면에서 급수를 달리한다. 고대 이집트 상형문자는 자그마치 1000여 개의 기호로 이루어져 있기 때문이다. 한글 백과사전의 단어수가 51만 개(지금도 계속 늘어나고 있다!), 영어 옥스포드 사전에 있는 단어 수는 75만 개라고 한다. 그렇다면 1000개의 기호로 만들어진 고대 이집트 백과사전은 우리의 40 배가 넘는 단어 수를 가질 것이다.

# 기호의 이해

앨런 가드너라는 영국 이집트학자가 정리한 상형문자 기호 목록

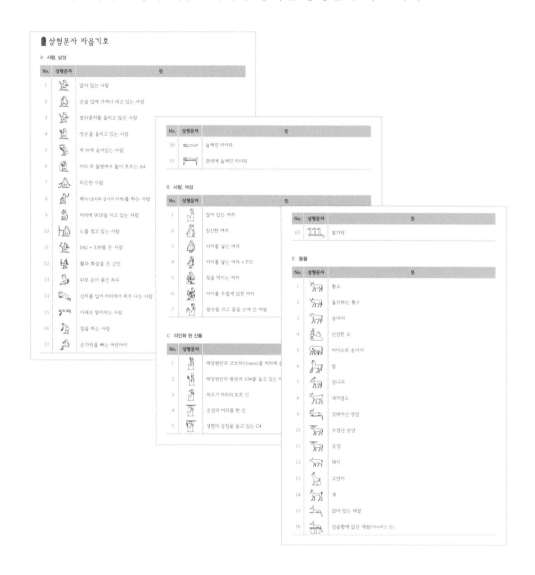

앨런 가드너 경의 문자표는 알파벳 기호를 사용하여 A에서 Z까

지(분류하기 힘든 기호들을 모아 놓은 Aa 섹션을 추가했다) 총 27가지 섹

션으로 분류했다. 각 섹션에는 남성과 여성, 신과 여신, 동물과 식물, 가금류, 곤충 그리고 이들 몸의 해부학적인 세부부분들을 비롯하여 하늘과 땅, 건축물과 농기구 등 동식물의 포함한 자연환경과 인위적인 생산품들을 꼼꼼하게 분류했다. 앨런 가드너 경의 이 분류법은 현재까지도 이집트 학자들이 교과서처럼 참고하는 중요한 자료로 인정받고 있다. 물론 가드너 경의 문자표를 보면 상형문자 배우기가 가능할까 하는 의구심이 들 수도 있다. 하지만 문자와 언어는 결국 인간의 가장 기본적인 생각과 필요성을 전달하기 위한 수단인 만큼 사실 양이 많다고 해서 배울 수 없는 것도 배우기 지나치게 힘든 것도 아니다.

사실 이집트 상형문자는 표의문자의 기본법칙에 가장 충실한 문자라 할 수 있다. 앞서 〈그림으로 읽다〉 섹션에 등장한 나메르 화장판에서 찾아볼 수 있듯이 그림기호의 특징 그대로가 단어의 의미를 나타내기도 하기 때문이다. 그리고 이것이 소개하게 될 〈결정사〉의 중요한 역할에 해당한다.

우선 앨런 가드너 경의 A 섹션 〈사람(남자편)과 직업〉편에 분류된 기호들을 살펴보자. 부록의 상형문자 차트를 참고하며 하나씩 살펴보자.

한 남자가 오른쪽 무릎을 올리고 양손을 조금 올린 채 앉아 있는 기호다.

성별을 나타내거나 특정 지역 혹은 특정 인물을 나타낼 때 주로 사용된다.

입에 손을 댄 채 앉아 있는 남자이다.

먹다, 말하다, 생각하다, 불평하다 등 동작 및 추상적인 행위의 단어에 많이 쓰인다.

A1 첫번째 기호와 같아 보이지만 왼쪽 무릎을 바닥으로 세우고 뒤꿈치를 올렸다.

앉다 라는 단어에 주로 쓰이고 후일 A17 로 대체되었다.

두 손을 허공에 올린 채 왼쪽 다리의 무릎을 세우고 앉아 있다.

신께 경배를 드리거나 호소하는 단어에 많이 쓰인다.

벽 뒤에 숨어 있는 남자를 나타내는 기호다. 'ㄱ' 을 뒤집은 모습의 이 기호는 벽을 상징하는 또다른 이집트 기호다.

숨다 라는 의미를 가진 단어에 주로 쓰인다.

물이 흘러내리는 물병을 머리에 얹은 사람의 모습이다.

씻다, 정화하다, 순결한 등의 단어에 많이 쓰인다.

양팔을 아래보 내리고 오른쪽 다리는 세우고 왼쪽다리로 앉아 있는 자세의 남자의 모습이다.

지친, 실신한 등의 단어에 사용되었다.

언뜻 보면 비슷한 모습을 한 사람들의 무리로 보이지만 자세히 살펴보면 각각 모습에 조금씩 차이가 있다는 것을 발견할 수 있다. 앉아있는 다리 자세와 위치도 틀리고 손을 든 모양이나 작은 소품들이 인물과 함께 정교하게 배치되어 있음을 발견할 수 있을 것이다. 한글의 기호들과 연결지어 보면 〈가 거 고 교 구 규〉처럼 자음과 모음의 기호적 배치와 조합에 따라 단어의 뜻이 달라지게 되는 것과 비슷한 경우이다. 예를 들어 소리와 소라의 경우처럼 홀소리 즉, 모음인

ḫbi 케비는 〈빼다, 삭감하다〉

ḫbw 케부는 〈무용수〉

ㅏ에 의해 단어의 의미가 달라지기 때문이다. 물론 상형문자는 자음만을 표시하지만 이 자음기호의 배열 역시 같은 구조로 단어를 구분해 준다.

언뜻 서로 비슷한 자음의 조합이지만 병아리 모양의 자음의 등장으로 단어의 뜻이 달라진다. 이집트 상형문자는 표음문자의 특징을 분명히 보여준다. 즉, 여러 가지 그림을 의미 없이 나열해 놓은 무작위의 기호들이 아닌 각각의 소리 값을 가진 한글과 같은 낱소리문자인 것이다(한글의 낱소리는 자음과 모음이 짝이다).

이 기호들은 〈결정사 혹은 한정사〉라고 부르는 이집트 문자 체계 안의 독특한 기호들이다. 단어의 성질을 나타내는 이 표의문자적 기호들은 〈결정사 편〉에서 더 자세히 살펴보겠다.

# 재미있는 여러 가지 기호들

부록으로 주어진 앨런 가드너의 상형문자 차트를 꼼꼼히 살펴보면 여러가지 재미있는 기호들을 발견할 수 있다. 수염을 기른 사람과 수염이 없는 사람, 그리고 도저히 예상하기 힘든 기호들도 많이 등장한다. 이 모든 기호들은 5000년 전 이집트인들이 살았던 자연 및 생활상을 100% 담고 있는 문명의 거울들이라 할 수 있다. 새롭고 낯선 것들에 대한 이질감보다는 수천년 전 당시 고대 이집트인들의 생생한 삶을 발견하는 재미를 느껴볼 수 있을 것이다.

▲ 우세르헷의 무덤 벽화　　▲ 나켓트의 무덤벽화

D 섹션 3을 보면 긴 실가닥에 세줄기의 끝이 동그랗게 말린 기호가 매달려 있다. 바로 머리카락을 나타내고 있다.
위의 벽화는 당시의 이집트인들의 헤어스타일을 보여준다.

　　끝을 동그랗게 말고 머리카락을 전체적으로 구불구불하게 볼륨을 준 헤어스타일이 트렌드였다. 사실상 이집트인들은 남녀노소를 가리지 않고 모두들 머리카락을 모두 밀어 버렸는데 이는 뜨거운 사막지역의 기후 때문이었다. 파티와 공식석상에 갈 때면 모두들 한껏 멋을 내며 가발을 착용했다. 우리가 벽화에서 보는 이집트인들의 풍성한 머리카락들은 모두 가발이다. 아이들은 타래머리(side lock)를 했다. 즉, 머리카락을 한부분으로 몰아 땋고 나머지 부분은 모두 밀어버렸다.

▲ 산등성이를 상징하는 사자

 **M의 27 기호는 두 산등성 위에서 태양이 떠오르는 모습이다.**
지평선(아케트)란 뜻을 가진 기호이다. 산등성이를 상징하는 두 마리의 사자가 태양을 듬직하게 받치고 있는 모습은 이집트 태양신 숭배를 나타내는 아이콘 중의 하나이다.


신화적 배경

공기의 신과 습기의 여신 사이에서 태어난 하늘의 여신 누트는 남매 신인 땅의 신 게브와 사랑하는 사이였다. 그들의 사랑으로 하늘과 땅이 맞닿아 생명이 자랄 수 있는 공간이 줄어들자 아버지 신 슈는 마침내 두 신들을 떼어놓게 된다. 이후 땅에서 높이 올려진 하늘의 여신은 땅의 신 게브와 조금이라도 맞닿기 위해 세상의 동서남북 모든 방향으로 자신의 팔과 다리를 한껏뻗게 되었다. 이러한 하늘의 여신의 모습은 N1과 같은 기호로 탄생하게 된다.

 **섹션 N 의 기호 1 번은 재미있는 기호이다.**
언뜻 밥상처럼 보이는 이 문자기호는 1000 여개가 넘는 이집트 자음기호들의 상상력 넘치는 다양성을 보여주고 있다. 이 기호는 단순히 주변 환경 및 동물 등을 기호화한 것이 아니라 신들의 나라답게 신화 속 이야기가 문자 속에 녹아 있기 때문이다.

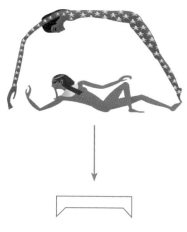

▲ 여신의 모습이 기호화 되었다.

상형문자 기호는 추측이 불가능한 형이상학적 문자가 아니라 문화적 컨텍스트를 반영시킬 수 있는 합리적 표의문자임을 다시금 일깨워 주고 있다.

무엇으로 보이는가? 영국과 한국에서 상형문자 수업을 진행하는 동안 위의 기호에 대한 추측으로 가장 빈번하게 들었던 대답은 바로 〈손거울〉이었다.

그러나 대부분의 예상과는 다르게 위의 문자기호는 바로 사막여우가 배를 깔고 앉아 있는 모습이다.

아마도 이 모습을 투명한 유리판 밑에서 위로 바라본다면 이런 모습이 보일 것이다. 즉, 이 문자기호는 바로 여우의 젖꼭지와 꼬리를 나타내고 있다.

고대 이집트인들의 기호형태는 우리의 예상과 상상을 초월하고 있다. 2 Dimension과 3 Dimension의 입체적 감각의 탁월성을 느낄 수 있는 많은 기호들을 발견할 수 있다. 부록편에는 700여개의 문자 기호들이 정리되어 있다. A에서 Z까지의 기호들을 부담 없이 감상해 본다면 고대 이집트인들의 주변과 환경을 그리 어렵지 않게 추측할 수 있을 것이다. 더불어 해부학에 능했던 이집트인들의 탁월한 인체에 대한 이해 역시 문자 안에 고스란히 반영되어 있다.

# 그림으로 읽는 상형문자

## 상형문자의 표음문자적 기능

앞에서 언급했던 것처럼 상형문자는 한 문단에 한 개에서 세 계의 소리 값을 가지고 있는 문자이다.

> 홑소리 문자 – 한 문자 당 한개의 소리값을 가졌다.
> 겹소리 문자 – 한 문자 당 두개의 소리값을 가졌다.
> 세소리 문자 – 한 문자 당 세개의 소리값을 가졌다.

상형문자의 소리값을 영어의 알파벳으로 두는 이유는 우선 전 세계의 상형문자 학자들 사이의 약속 때문이기도 하지만, 근본적으로 상형문자 소리의 해독이 라틴어에 기반을 두고 있기 때문이다. 상형문자를 해독한 프랑스 언어학자 샹폴리옹은 그리스어와 콥틱어를 통해 데모틱과 상형문자의 비밀을 해독했다.

---

### 상식 충족 코너

페니키아 문자에 영향을 받은 그리스어가 라틴어의 조상이다. 하지만 페니키아의 22개의 문자에는 자음만이 있었다. 그래서 똑똑한 그리스인들은 페니키아인들의 자음을 자신들의 모음글자인 알파(alpha), 엡실론(epsilon), 에타(eta), 이오타(iota), 오미크론(omicron)으로 바꾸어 사용했다. 그리스 문자 중 첫번째 글자 알파와 두번째 글자 베타가 알파벳으로 구성된 영어의 뿌리가 되었다. 후일 고대 이탈리아 북부지역에 살던 에트루리아인들이 그리스문자를 배우고 또 라틴족에게 문자를 전해주게 된다. 이것이 바로 라틴문자(로마자)가 된 것이다. 라틴족은 프랑스, 벨기에, 이탈리아, 스페인, 포르투갈, 루마니아, 몰도바, 아르헨티나, 우루과이, 코스타리카 등을 말한다. 우리에게 잘 알려진 국가들이지만 이들이 라틴족이란 사실은 잘 몰랐을 수도 있다. 왜냐하면 라틴족은 종족적 의미가 아닌 a, b, c, d의 알파벳 문자 체계를 공유하고 있는 언어상의 분류이기 때문이다.

---

하지만 중요한 것은 고대 이집트 문자는 모음을 기록하지 않고 오로지 자음만을 기록한다는 것이다.

> 그렇기에 여기선
> 홑소리 글자를 단자음 문자
> 겹소리 글자를 겹자음 문자
> 세소리 글자를 복자음 문자라 부르기로 하자.

자음만을 기록한다고 해서 읽기가 힘들 것 같다고 생각할 수도 있다. 하지만 꼭 그런 것만은 아니다.

| | | |
|---|---|---|
| Rd ths txt | = | Read this text |
| Nt vry hrd | = | Not very hard |

이렇듯 생각보다 간단할 수도 있다. 이집트학자들은 보다 읽기 쉽도록 두 자음 사이에 'e'를 넣어 이집트 모든 상형문자 자음을 읽기로 약속했다.

| | | | | |
|---|---|---|---|---|
| kmt | = | kemet | 케메트 | 이집트의 옛이름 |
| sr | = | ser | 세르 | 예언하다 |

그렇다고 해서 고대 이집트인들이 모음을 이런 식으로 발음했다는 것은 아니다. 고대 이집트어의 흔적이 조금 가깝게 남아 있는 콥트어를 통해 약간의 추측을 해볼 수 있는 것 뿐이다. 아래의 예문을

살펴보면 모음을 넣었을 경우 여러가지 소리값의 변수가 있을 수 있다는 것을 알 수 있다.

| sr | = | ser | 세르 | |
|---|---|---|---|---|
| sr | = | sur | 수르 | |
| sr | = | seru | 세루 | 예언하다 |
| sr | = | isur | 이수르 | |
| sr | = | iseru | 이세루 | |

중요한 것은 확정지을 수 없는 문자의 소리조합보다 단어에 대한 이해가 문맥해독의 결정적인 열쇠를 가지고 있다는 것이다.

우선 다음의 차트를 통해 상형문자의 홑소리/단자음 문자들을 익혀보자. 1000여개가 넘는 기호들 중 영어의 알파벳 26자를 기본으로 한 단자음 문자들을 소개해 본다.

## 알파벳으로 배우는 이집트 상형문자

단자음 문자

| 알파벳 | 상형문자 | 그림설명 | 한글소리 | 영어소리 | 전자(轉字) (Transliteration)[23] 학자들이 약속한 기호 |
|---|---|---|---|---|---|
| A | | 독수리 | 아/어의 중간소리 | a ─── about | ꜣ |
| B | | 다리 | 브 | b ─── ball | b |

| 알파벳 | 상형문자 | 그림설명 | 한글소리 | 영어소리 | 전자(轉字)<br>(Transliteration)<br>학자들이 약속한 기호 |
|---|---|---|---|---|---|
| C | | 접은천<br>(옆모습) | 시 | s<br>―――――<br>cent | s |
| D | | 손 | 두 | d<br>―――――<br>desk | d |
| E | | 갈대잎 | 이 | e<br>―――――<br>see | y |
| | | 팔 | 에 | elf | ꜥ |
| F | | 뿔달린 뱀 | 프 | f<br>―――――<br>father | f |
| G | | 항아리<br>받침 | 그 | g<br>―――――<br>gate | g |
| H | | 집의 도면 | 흐 | h<br>―――――<br>hat | h |
| I | | 갈대 잎 | 아이 | i<br>―――――<br>bite | i |
| J | | 코브라 | 제 | j<br>―――――<br>gentle | ḏ |
| K | | 바구니 | 크 | k<br>―――――<br>keep | k |
| L | | 사자 | 르 | l<br>―――――<br>lion | l |

| 알파벳 | 상형문자 | 그림설명 | 한글소리 | 영어소리 | 전자(轉字)<br>(Transliteration)<br>학자들이 약속한 기호 |
|---|---|---|---|---|---|
| M | | 올빼미 | 므 | m<br>man | m |
| N | | 물결 | 느 | n<br>Nile | n |
| O | | 밧줄 | 오/우 | o<br>open | 자음에 가까운<br>소리 u 로 추측 |
| P | | 의자<br>(등받이 없는) | 프 | p<br>pet | p |
| Q | | 언덕 | 쿼 | q<br>quick | ḳ |
| R | | 입 | 일/루 | r<br>rain | r |
| S | | 문의 빗장 | 스 | s<br>sky | s |
| T | | 반달모양의<br>빵 | 트 | t<br>toy | t |
| U | | 메추라기<br>병아리 | 우 | u<br>full | 자음에 가까운<br>소리 u/s 로<br>추측 |
| V | | 뿔달린 뱀 | 브이 | v<br>video | f와 같이 사용 |
| W | | 메추라기<br>병아리 | 워 | w<br>water | U 참고 |

| 알파벳 | 상형문자 | 그림설명 | 한글소리 | 영어소리 | 전자(轉字)<br>(Transliteration)<br>학자들이 약속한 기호 |
|---|---|---|---|---|---|
| X | | 밑에서<br>올려다 본<br>몸통과 꼬리 | 크 | xks | x는 이집트어에<br>없는 발음이다. |
|  | | 문의 빗장 | 스 | extra<br>여기선 편의<br>를 위해 두개<br>의 소리문자<br>를 사용해 알<br>파벳의 x 발음<br>을 표기했다. |  |
| Y | | 갈대잎<br>(두 개) | 여 | y<br>yes | y |
| Z | | 코브라 | 제 | z<br>zebra | ḏ |
|  | | 초의 심지 | 커/허<br>(목구멍 안쪽<br>에서 내는 쉰<br>소리 마치 커<br>억~ㅅ 하는 소<br>리와 비슷) | 영어에는<br>없는 발음<br>H 로<br>표기한다 | ḥ |
|  | | 동물의<br>태반 | 크 | 영어에는<br>없는 발음<br>Kh 로<br>표기한다 | ḫ |
|  | | 밧줄 | 튜 | 영어에는<br>없는 발음<br>tune의 t 소리<br>와 비슷할 것<br>으로 추정 | ṯ |
|  | | 호수 | 슈 | 영어에는<br>없는 발음<br>Shi의 sh 소리<br>와 비슷할 것<br>으로 추정 | š |

갈색 박스 안에는 영어소리로 표현하기 힘든 이집트 자음 4개를 별도로 첨부했다

물론 위의 단자음 기호와 같은 소리 값을 가진 여러 상형문자 기호들이 있다. 예를 들어, ⌒ 이 기호의 소리 값은 m으로 🦉 부엉이 모습의 기호와 같은 소리 값을 가진다. 중복되는 소리음을 가진 기호들에 대해선 미리 걱정할 필요는 없다. 위의 차트를 잘 참고하면 자신의 이름 정도는 쉽게 쓸 수 있기 때문이다. 프톨레마이우스 왕조의 왕들로 자신들의 이름(그리스식 이름)을 이집트 상형문자 소리음을 응용해 카르투슈 안에 새겼다.

전 세계의 상형문자 배우기 책들을 살펴보면 각각 조금씩 다른 소리 분류와 그림문자표를 발견할 수 있을 것이다. 하지만 그 어떤 것에도 정답은 없다. 왜냐면 고대 이집트인들의 언어는 1500년간 사용되지 않은 죽은 언어였고 그 정확한 소리를 알려주는 분명한 수단이 남아있지 않기 때문이다. 5000년 전에는 녹음기나 mp3. 스마트 폰이 없었으니 말이다. 무엇보다 자음만을 기록했기 때문에 현대 우리가 알고 있는 것은 언어의 뼈대라고 할 수 있다. 그리고 우리와는 다른 모음소리 체계를 가지고 있었을 지도 모르기 때문이다.

## 상형문자 해독의 일등공신은 사실 그리스인이다?

놀랍게도 콥틱어는 아직도 이집트 콥틱교회에서 신부들에 의해 활발히 사용되고 있다. 샹폴리옹이 읽어버린 이집트 상형문자 소리를 추측할 수 있었던 것은 결정적으로 바로 콥틱어 덕택이었다. 콥틱어는 2세기 후반에 그리스인들이 이집트인들에게 기독교를 알리고 성서를

## Coptic

〈콥틱〉이란 단어의 어원은 그리스어의 (아이)쿱티(오스)＝(ai) gupti(os)에서 온 것이다. 성서에 등장하는 에쿱은 이집트를 뜻한다. 이 에쿱(애굽)이 바로 이집트가 된 것이다.

읽게 하기 위해 만든 문자다. 당시 활발히 사용되던 상형문자의 손주 격인 데모틱은 다신교인 이집트 신앙으로 인해 성서를 적기엔 불경스런 문자로 여겨졌다. 한마디로 이집트어를 그리스 알파벳으로 적어 그리스인들이 읽을 수 있고 이집트인들이 알아들을 수 있는 시스템이 필요했다. 하지만 그리스어에 익숙하지 않은 이집트 원어민들을 위해 친절하게도 이집트어를 적절히 섞어서 읽기 쉬운 그리스/이집트 혼용 성서를 만든 것이다.

콥틱어는 24개의 그리스 알파벳을 기본으로 그리스어에는 없는 8개의 데모틱 음가를 합쳐서 만든 문자이다. 하지만 세월이 가면서 콥틱어 속에 들어 있는 이집트어의 존재가 점점 잊혀지고 어원이 상실되었다.

# 연습문제로 이해하는 단자음 문자

· 상형문자에 어울리는 소리값을 찾아 보자.

첫번째 상형문자는 알파벳 m (우리소리로 '므')의 소리값을 가지고 있다.

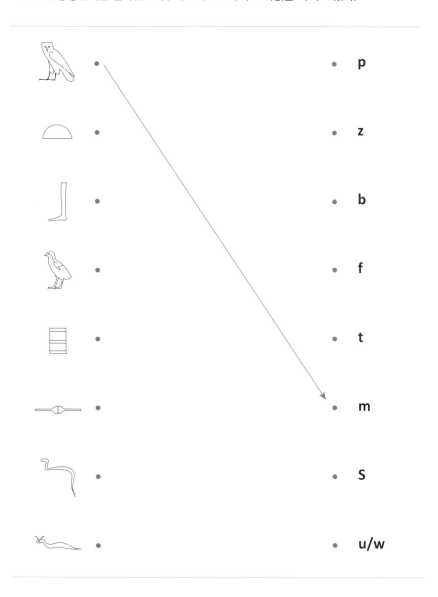

소리값에 알맞은 상형문자 단자음을 넣어보자.

| r | |
|---|---|
| y | |
| q | |
| a | |
| n | |
| k | |
| l | |
| h | |
| d | |
| g | |

| | |
|---|---|
| r | |
| y | |
| q | |
| a | |
| n | |
| k | |
| l | |
| h | |
| d | |
| g | |

연습 2 예문에 제시된 영어단어를 상형문자로 만들어보라.

| Book | |
| --- | --- |
| Friend | |
| Meet | |
| Time | |

정답

| Book | |
| --- | --- |
| Friend | |
| Meet | |
| Time | |

상형문자에 알맞는 영어단어를 찾아 보자.

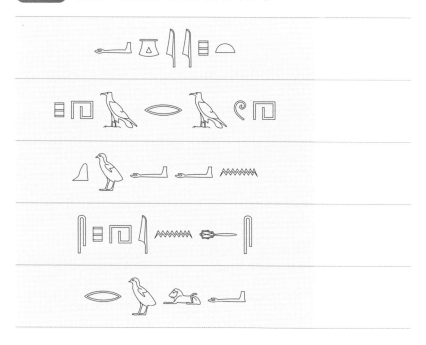

정답

| | |
|---|---|
| | Egypt |
| | Pharaoh |
| | Queen |
| | Sphinx |
| | Rule |

# 단자음 문자로 배우는 진짜 이집트 단어

지금까지는 단자음 상형문자를 영어단어로 저어 각 기호의 소리음을 통해 상형문자 기호와 친숙해져 보았다. 이제 이 단자음을 사용해 실제 이집트 단어를 배워보자.

단어의 소리값을 읽을 때 단어를 읽는 방향과 순서를 제일 먼저 정해야 한다.

예) 아래의 이집트 단어는 사람의 발이 가리키는 방향에 따라 외쪽에서 오른쪽으로 시작한다. 따라서

s → n → b 로 읽는다: seneb

snb 건강 세네브

• 모음이 표시되지 않기 때문에 자음과 자음 사이에 e 를 넣어 발음해 주자

간단한 명사들

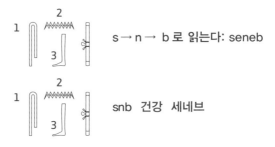

| | | | | | |
|---|---|---|---|---|---|
| | s | 남자 | | s t | 여자 |
| | p t | 하늘 | | s ḫ r | 계획 |
| | rꜥ/re | 태양 | | | |

유용한 형용사들

| | iḳr / iqr | 유능한/탁월한 |
|---|---|---|
| | b i n | 나쁜/악한 |

유용한 지시 형용사

*명사를 꾸며주는 역할을 하는 지시사를 말한다

| | p n (남성형) | 이것/this |
|---|---|---|
| | t n (여성형) | 이것/this |

• 위에서 배운 이집트 단어들을 이용해 직접 문장을 만들어 보자.

간단한 문법 소개 : 1.이집트어의 형용사는 명사 뒤에 놓인다.

2. 동사+주어+목적어 의 순서를 가진다

3. 지시 형용사는 명사 뒤에 온다

**1. 유능한 남자**

**2. 유능한 여자**

**3. 이 탁월한 계획**

**4. 태양이 떠오르다**

| 1. 유능한 남자 | |
|---|---|
| 2. 유능한 여자 | |
| 3. 이 탁월한 계획 | |
| 4. 태양이 떠오르다 | |

# 투탕카문과 함께 배우는 상형문자

## 왕들의 계곡
### (KV/Valley of the kings)

고왕국 시대의 왕들은 거대한 피라미드 무덤을 짓기도 했지만 신왕국 시대로 갈수록 왕들의 무덤에 함께 묻혀진 많은 보물들 때문에 도굴이 심해졌다. 그래서 사람들이 쉽게 오갈 수 없는 나일강 서쪽 험난한 돌계곡에 무덤을 짓고 파라오의 미이라와 보물을 숨겨놓았다. KV 62가 바로 투탕카문 왕의 무덤이다.

1922년 11월 26일 토요일 오전 10시는 고고학자들 뿐만 아니라 전 세계인들에게 중요한 역사적 순간이었다. 이날은 바로 이집트 중부 룩소르 지역 서쪽 왕들의 계곡에서 고고학자 하워드 카터가 수천 년 동안 잠들어 있던 소년왕의 무덤을 연 날이기 때문이었다.

### 투탕카문 왕 무덤의 진짜 발견자, 후세인 압둘 라소울

사실 1922년 11월 4일 하워트 카터에게 물을 길어다 주던 water boy 후세인 압둘 라소울이란 소년은 사막에서 막대기를 가지고 놀다 모래 속에 울퉁불퉁 각이 져 있는 숨겨져 있던 계단을 발견했다. 무심코 발견한 이 계단에 소년 후세인은 누가 사막에 계단을 만들어 놓았을까 호기심이 일었다. 후세인은 카터에게 이 사실을 말하고 카터는 이 계단이 숨겨진 무덤이었음을 발견하게 된다.

## 3000개가 넘는 보물들의 집합지
## 파라오 투탕카문의 무덤

19살의 나이에 전차에서 떨어지는 사고를 당해 세상을 일찍 떠난 소년 왕 투탕카문은 이집트 신왕국 시대(1550BC - 1070BC) 18왕조의 13번째 왕이었다. 이집트의 평화와 풍요를 이룩한 황금문명 시대의 파라오 아멘호테프 3세를 할아버지로 두었고 유일신을 이집트 최초로 도입한 엽기적 행각을 일삼은 아버지 아멘호테프 4세(혹은 아케나텐)를 둔 예사롭지 않은 성장배경을 둔 왕이었다. 우리에겐 황금보물로 가득찬 무덤의 주인공으로 알려져 있지만 그는 사실 아버지 아케나텐의 죽음 이후 혼란해진 나라 속에서 즉위와 함께 많은 정치경제적 회복을 위해 고충을 겪었던 파라오이기도 했다. 또한 유전병으로 인한 신체적 핸디캡에도 불구하고 전차와 사냥을 즐겨하는 혈기왕성하고 진취적인 파라오였다. 자그마치 3000여개가 넘는 생전의 소장품 및 보물들 중에는 활과 화살, 칼, 방패, 부메랑, 곤봉(물론 예식용) 등도 상당수 포함되어 있었다. 하워드 카터가 최초로 발굴한 무덤의 별실(antechamber)에는 6대의 전차가 매장되어 있었던 것을 통해 그의 진취적 기상을 엿볼 수 있다. 110kg이 넘는 순금으로 만들어진 황금관 안에 매장되어 있던 파라오 투탕카문은 현재 그의 원래 무덤이었던 (KV 62) 안치되어 있다.

## 파라오의 명찰 카르투슈

1922년 11월 26일 16개의 계단과 긴 회랑을 지나 하워드 카터가 투탕카문 왕의 무덤을 열었을 때 제일 먼저 발견했던 것은 별실로 이어지는 봉인된 벽이었다. 소년왕의 이름은 바로 이 카르투슈라는 길쭉한 고리 안에 새겨져 무덤 주인의 중요함을 알리는 듯, 온통 벽을 뒤덮어 장식하고 있었다.

▲ 좌측은 투탕카문의 가족명이고 우측은 투탕카문의 즉위명을 뜻한다.

 우선 투탕카문의 가족명을 살펴보자. 투탕카문 – 헤카이우누쉐마라고 쓰여 있다. 해독하면, 아문신의 살아있는 이미지, 남쪽 헬리오폴리스(룩소르=테베를 뜻한다)의 군주라는 뜻이다.

 투탕카문은 당시 테베를 중심으로 한 상이집트의 최고 신이었던 아문신과 연결된 뜻을 가지고 있었다.

 다음은 투탕카문의 즉위명으로, 네브케페루레라고 읽는다. 주인이신 태양신 라의 헌신이란 뜻이다.

 제 3장의 상형문자 순서대로 읽기를 다시 살펴보면 위의 〈투탕카문〉과 〈네브케페루레〉의 읽는 순서에 대한 의문점이 일어날지도 모른다. 카르투슈 안을 살펴보자.

 아래의 카르투슈 고리안에는 투트 – 앙크 – 아문 {헤카 – 이우누 – 쉐마 라고 적혀있다.

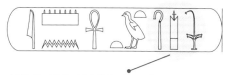

남쪽 헬리오폴리스(테베 =룩소스)의 군주라는 뜻.
신왕국시대의 수도였다.

투트        앙크        아문 신        =    투트앙크아문(투탕가문)이라 읽는다.

그렇다면 우리가 배운 위의 읽기 순서로는 아래의 순서대로 읽어야 할 것이다.

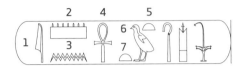

일단 이집트 문장 안에서의 문법적인 설명을 생략한다면 결론적으론 신의 이름은 문장 안에서 제일 먼저 쓰여진다. 특히 왕의 이름을 담은 카르투슈 고리 안에서 왕을 수호하고 지키는 신들의 이름은 읽는 순서와는 상관없이 맨 처음 기입된다. 따라서 신의 이름이 먼저 쓰여졌어도 아문투트앙크 대신 투트앙크아문(투탕카문)이라 읽는다. 이렇게 이집트 문법 안에서 신의 이름을 먼저 기입하는 규칙을 honorific transposition 즉, 경칭(존칭)적 전위(위치변경)법이라 한다. 여기서도 마찬가지로 태양신 레/라는 읽는 순서와는 상관없이 먼저 쓰였다.

**nomen : prenomen**

파라오는 태어남과 동시에 주어지는 가족명과 파라오로 즉위하며 부여 받는 즉위명이 있었다. 또한 왕을 뜻하는 고유명사가 고왕국 초기부터 존재했고 수천년에 걸쳐 사용되며 신왕국 시대에 이르러 이들 고유명사는 파라오 이름 앞에 따라다니는 특정한 존칭들로 고착화 되었다.

레 + 케페루 + 네브 = 네브 케페루 레로 읽는다

파라오는 신의 아들인 동시에 신의 대리인인 신성한 존재였다. 쉔(보호하다 감싸다의 고유의 뜻이 있는 단어다)이라 불리는 신성한 고리가 발전된 형태로 보이는 긴 고리의 카르투슈는 왕의 이름을 담는 특별한 역할을 했다.

18세기에 이집트를 점령했던 프랑스인들은 이 모양이 당시 총의 화약을 집어넣는 카트리지 모양과 닮았다고 생각해 카르투슈 (cartouche)라는 이름을 붙였던 것이다.

쉔이                          카르투슈

## 파라오, 거대한 집!

고대 이집트의 군주 파라오는 우리에게 잘 알려져 있는 호칭이다. 하지만 고왕국 초기부터 중왕국 시대에 걸쳐 파라오는 왕을 칭하는 호칭이 아닌 〈거대한 집〉이란 뜻의 실체적인 장소, 즉 통치자가 머물며 국정을 행사하는 거주지를 의미했다.

페르(집=거처=왕궁)          아아(거대한/위대한)

중왕국 시대에 와서 왕의 안녕을 바라는 문구형태가 고정화되기 시작했다.

"위대한 거처에서 만수무강을 누리소서"

그러나 신왕국 시대에서부터 제 2 혼란기에 걸쳐 파라오는 거대한 집이 아닌 현재 우리에게 알려진 이집트 〈왕〉을 호칭하는 고유명사가 되었다.

고대 이집트인들이 이 〈거대한 집〉을 어떻게 발음했는지 알 수는 없다. 하지만 히브리 성서에서 이집트의 군주를 파라오-פרעה[parʕoːh]로 표기하고 있었고, 아랍어의 فرعون firʿawn, 그리스의 φαραώ에 영향을 받은 라틴어의 *pharaō* 표기를 종합하여 현재의 파라오 혹은 pharaoh가 되었다. 영어철자의 pharaoh의 마지막 철자 h 는 히브리어의 철자 ה (=h)에 영향을 받았다.


## 이집트 왕의 다섯가지 호칭들

하지만 당연히 고대 이집트인들의 자신들의 군주를 호칭하는 그들만의 전통적인 고유명사가 있었다. 아래의 다섯가지 그룹화된 문자기호들은 고왕국 초기(기원전 3200년)부터 신왕국을 거쳐 후기시대 및 프톨레마이오스 시대에 이르기까지 통치자의 이름 앞에 혹은 이름과 함께 사용됐다. 물론 신왕국 중기에 들어와 파라오란 호칭이 보편화되었지만 여전히 이 다섯가지 호칭들은 전통적으로 파라오의 권위를 나타내는 상징적 의미의 호칭들로서 역사시대 동안 파라오의 이름을 빛냈다.

| 호루(스) | 네브티(두여신) | 네수비티<br>(상하이집트의 왕) | 황금 호루스 | 태양신의 아들 |

호루 혹은 호루스란 이름으로 알려진 이 용맹한 하늘의 지배자는 역사시대 이전부터 통치자들을 나타내는 주요 상징으로 쓰였다. 매가 앉아있는 네모난 박스는 고대 이집트 왕궁건축물의 전통적인 상징이다. 카르투슈 고리 안에 왕의 이름을 넣었던 것처럼 바로 이 건축물 안에 왕의 이름이 새겨졌다.[24]

네브티[25]는 이집트어로 〈두 명이 여신들〉을 뜻한다. ◡네브는 여기서 신성한 존재들인 여신을 뜻하고 ty–티는 여성형의 t와 숫자 두 명을 뜻하는 y– 가 합성되어 테브티가 되었다. 독수리는 이집트 남부 상이집트를 상징하고 코브라는 북쪽 하이집트를 상징한다. 이 상하 이집트의 수호 여신들의 보호를 받는 통치자는 당연히 이집트의 절대 군주였을 것이다.

네수비티란 이름의 이 전통적 호칭은 왼쪽의 상이집트 식물인 네수트와 하이집트를 상징하는 꿀벌–비티가 합성된 고유명사이다. 상이집트와 하이집트를 아우르는 통치자를 상징하는 네수비티는 위의 호루스, 네브티와 함께 고왕국 초기부터 사용된 절대 군주를 가리키는 전통적호칭이다. 네수비티는 또한 고왕국 3왕조를 시점으로 파라오의 즉위명(카르투슈 안에 새겨진) 앞에 붙여졌다.

호루네부는 황금 호루스라는 뜻이다. 금은 이집트 종교에서 〈영원성〉을 상징하며 또한 신의 신성한 몸을 상징했다. 고왕국 4왕조의 두번째 왕인 쿠푸와 6왕조 4번째 왕인 메렌레가 이 호칭을 사용했고 후대의 왕들의 이름에도 등장하기 시작했다. 고왕국 시대 이전부터 호루스 신과 세트 신의 전쟁신화가 자리잡고 있었던 것으로 보이지만 왕의 호칭으로는 위의 세가지 이름보다 조금 이후에 등장한 것으로 보인다. 신화 속에서 세트신을 이긴 용맹한 호루스 신의 영원한 승리를 나타내고 있는 이 상징은 명실공히 왕의 호칭으로서 손색이 없었을 것이다.

사라(s; r' − transliteration/전자(轉字))는 태양신의 아들이란 뜻이다. 오른편 위의 동그란 모양이 바로 태양신을 가리키는 상형문자이고 꼬리가 뾰족한 고방거위 (소리값sA) 가 '아들'이란 뜻의 이집트문자다. 문자 그대로 〈태양신의 아들〉이란 호칭은 고왕국 4왕조부터 사용되었고 왕의 가족명 혹은 이름을 담은 카르트슈 앞에 놓이며 왕의 태생적 신성성을 나타냈다.

전통적으로 왕을 나타내는 위의 다섯 개의 호칭과는 별도로 왕권을 상징하는 별도의 칭호들이 있었다.

〈네브타위〉는 두 땅의 주인이라는 뜻으로 상하 이집트를 통치하는 왕권을 상징하며 네수비티의 보조적 의미 및 강조의 의미로 사용되었다.

〈네체르 네페루〉는 완벽한 신 혹은 자애로운 신이란 뜻이다. ⌐ 이 문자기호는 ⌐⌐ 네페루의 약자로 완벽한 아름다운 좋은이란 뜻을 가졌고 이곳에서 형용사로 쓰였다. 왕의 가족명과 즉위명에 앞에 사용되며 그 자체의 뜻이 주는 신성성을 왕권과 연결시켜 주는 역할을 했다.

〈네수트 혹은 네수〉는 왕의 호칭 중 〈네수비티〉의 네수에서 그 어원을 찾아 볼 수 있다. 이 단어는 수메르어와 명사를 만들어주는 이집트 접미사 − w가 합쳐져 고유명사화 된 〈왕〉 = 〈네수〉의 뜻이 되었다는 주장도(Schenkel, Wolfgang (1986)) 있지만 왕을 호칭하는 직접적인 명칭으로 사용되었다.

이들 이외에도 왕과 왕권을 상징하는 여러 별칭들이 있다. 물론 이들은 왕의 이름 앞과 뒤에 쓰이며 이집트 통치자의 권위와 신성성을 부각시켜주는 역할을 수천년간 수행해왔다. 절대군주의 위상과 지배력을 알리기 위한 이들 문자기호들은 표음문자적 기능성을 배제하더라도 그 기호의 상징성만으로도 이집트인들의 주의를 끌기에 충분했을 것이다.

# 카르투슈에 이름 써보기

    연습한 단자음 문자를 이용해 카르투슈 안에 이름을 넣어 왕과 왕비가 되어보자. 파라오만의 특권이었던 카르투슈 명찰을 직접 만들어 편지지나 책갈피로 사용해 보는 것도 배운 상형문자를 활용할 수 있는 방법이 되겠다.

##### 상형문자로 이름 만드는 방법 1단계

| 우선 한글이름을 적고 | → | 영문이름으로 바꿉니다 |
| :---: | :---: | :---: |
| 강    주    현 | → | KANG  JU  HYUN |

##### 상형문자로 이름 만드는 방법 2단계

상형문자 소리값 차트를 사용해 알맞은 단자음을 찾아보자

| KANG | JU | HYUN |
| :---: | :---: | :---: |

# 공간 활용이 가능한 상형문자 배치

▲ 카르투슈 안에 이름을 세로로 넣을 수도 있다.

▲ 문자를 겹쳐 쓸 수도 있어 선택적 공간 활용이 가능하다.

이집트인들은 제한된 공간에 상형문자를 쓸 때 실용성과 아름다움을 동시에 생각했다. 어떤 말이 쓰여 있던 한번 글로 써진 것은 실제로 이루어진다고 믿었기 때문이다. 문자의 영원성은 신의 영역에 속하는 것이라 생각했기 때문에 영원히 남는다고 믿었고 그렇기에 정성을 다해 상형문자의 전통을 유지하려 노력했다. 고왕국 시대의 문자체 및 전통적 문장형식과 문법은 중왕국과 신왕국 시대까지 계승되었다. 이집트 사회 속에서 실제로 이집트인들이 사용했던 대화체 및 회화체(지방언어)가 동시에 존속하고 있었을 것이다. 하지만 종교 문헌 및 예식서 그리고 건축물 등에는 전통적인 단어 및 문법체계가 그대로 고수되었다.

　　분열되어 있던 상하이집트를 최초로 통일한 왕은 파라오 나메르라고 알려져 있다. 그리고 이것은 나메르 왕의 업적을 기념해 만든 석판의 일부이다. 여기서 나메르 왕은 뿔이 달린 큰 소로 묘사되었다. 큰 뿔로 적을 무찌르는 모습은 상징적 의미를 지니고 있을 뿐만이 아니라 이 석판이 왕에게 실제로 적을 제압할 수 있게 해주는 주술적 힘을 준다고 믿었기 때문이다. 때로는 적군의 이름을 쓴 글을 깨지기 쉬운 벽돌에 써서 전쟁에 나가기 전에 깨버리곤 했다. 이렇게 하면 적군의 힘이 위력을 잃게 된다고 믿었다.

---

**상식 충족 코너**

　고대 4대 문명은 메소포타미아 문명, 인더스 문명, 황하문명 그리고 이집트 문명을 말하지요. 이집트는 3000년이 넘는 황금문명을 자랑했고 이 문명의 중심에는 이집트의 통치자인 파라오가 있었어요. 파라오는 신처럼 숭배되었고, 태양신 라의 아들이자 신들의 화신이라 믿었지요. 이런 믿음이 수천년 동안 이집트 역사 속에 파라오의 절대권력을 유지시켜 주었지요. 기원전 3세기경 프톨레미스 왕조 시대의 이집트 사제 마네토라는 사람은 이집트를 고왕국, 중왕국, 신왕국 시대로 분류하며 총 30왕조로 나누었어요. 그리고 이 30왕조 동안 대략 170여명의 파라오가 통치했다고 기록했지요.

---

# 상하이집트를 통일한 최초의 파라오

이집트 최초의 파라오 나메르는 위에서 언급한 나메르 석판의 주인 공이다. 나메르 화장판이라고도 부르는 이 기념석판은 역사적/예술적인 가치뿐만이 아니라 상형문자의 초기형태를 공부하는데 결정적인 열쇠를 제공하는 중요한 자료다.

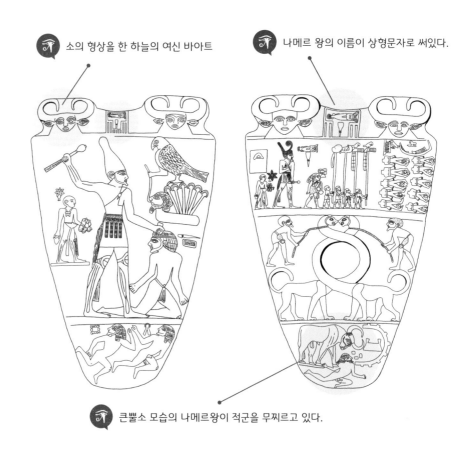

소의 형상을 한 하늘의 여신 바아트

나메르 왕의 이름이 상형문자로 써있다.

큰뿔소 모습의 나메르왕이 적군을 무찌르고 있다.

그리고 나메르 왕을 시작으로 170여명의 파라오들은 수천년 동안 막강한 권력을 누리며 이집트를 통치했다. 하지만 후대에 이르러 외부로부터 많은 침략을 받고 내전에 시달리게 되면서 국력이 급격히 쇠퇴하게 된다. 또한 시리아와 팔레스타인 지역을 침공하고 영향력을 행사하던 페르시아 다리우스 왕의 억압에 시달리기도 했다. 기원전 332년 이집트를 점령한 알렉산더 대왕이 323년 풍토병으로 갑자기 사망한 후 이집트에는 프톨레마이오스 장군이 세운 왕조가 시작된다. 프톨레마이오스 왕조는 이집트 종교와 문화를 흡수하고 융합하여 기원전 30년 로마제국에 굴복하기 전까지 275년 동안 이집트를 통치하게 된다. 우리에게 잘 알려진 미모의 클레오파트라 7세는 이 프톨레미스 왕조의 마지막 파라오였다.

## 클레오파트라 이름으로 배우는 이집트 단자음

프톨레마이오스 왕조의 이집트 서기들은 클레오파트라의 이름을 이렇게 썼다.

K L I O P A D R A

여왕이름의 상형문자 소리음 기호가 조금씩 다르게 써진 것을 눈치챘나요?

알파벳 K는 위에서 q로 배운 △ 썼고, 알파벳 o는 밧줄기호인 🐚 대신해 동물잡는 올가미를 상징하는 🎣 의 기호로 쓴 것을 알 수 있다.

그렇다면 이집트 서기들이 실수를 했던 걸까요? 물론 아니다. 천 여개의 소리기호 중 단지 9개의 알파벳만을 차용해서 사용한 것 뿐이기 때문이다.

우리가 배운 26개의 단자음을 사용해서 샹폴리옹처럼 프톨레마이오스 왕의 이름을 만들어 보자.

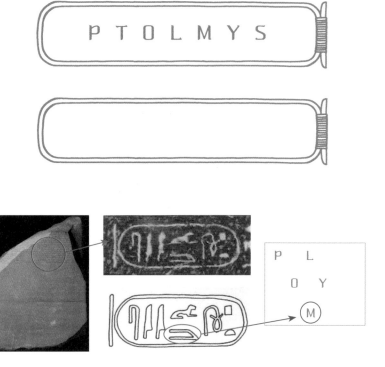

▲ 로제타 스톤 속 프톨레마이오스 이름

이집트 사제들은 제한된 공간을 충분히 활용하기 위해 M의 소리문자인 부엉이 기호에서  같은 단자음 문자인 기호를 사용했다. 즉 , 두 소리문자 모두 'M' 소리값을 가지고 있다. 어느 기호를 사용하던 상관없다. 가장 마음에 드는 기호를 선택하면 된다.

위의 빈 카르투슈 안에 나만의 클레오파트라와 프톨레마이오스 왕의 이름을 연습보자.

# 겹자음 문자

자, 지금까지는 상형문자의 단사음 문자를 배우고 연습했다. 이 섹션에서는 상형문자 중 겹자음 문자를 소개하겠다.

겹자음 문자는 여기서 하나의 문자기호에 두 개의 홀소리 즉 두 개의 단자음을 가지고 있는 문자를 말한다.

가운데 콩처럼 점이 들어있는 동그란 원반은 바로 태양을 나타낸다. 그리고 r e (혹은RA) - 레라고 읽는다. 즉 두개의 단자음 문자 r 과 e 의 소리 값을 갖고 있다.

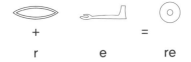

우선 간단하게 몇 가지 중요한 겹자음 문자를 익혀보자. 위에서 살짝 살펴본 태양신 〈라〉의 이름처럼 이집트의 많은 신들의 이름이 이 복수자음문자(두 소리 이상의 소리 값을 갖은 문자)로 되어 있다. 겹자음 문자를 통해 위에서 배운 단자음 문자를 다시 복습해 볼 수 있다.

| 상형문자 | 그림의 뜻 | 소리 | 단자음 조합 | |
|---|---|---|---|---|
| | 피라미드 | m r | | m |
| | | 메르 | | r |
| | 물 | m w | | m |
| | | 뮤 | | w |
| | 심장 | i b | | i |
| | | 이브 | | b |
| | 눈 | i r | | i |
| | | 이르 | | r |
| | 제비 (위대하다란 뜻) | w r | | w |
| | | 워르 | | r |
| | 땅 | t a | | t |
| | | 타 | | a |
| | 하늘 | p t | | P |
| | | 패트 | | t |
| | 집의 도면 | p r | | P |
| | | 페르 | | r |
| | 게임보드 | m n | | m |
| | | 멘 | | n |
| | 여우꼬리 (가죽) | m s | | m |
| | | 메스 | | s |

아래의 표에서 10개의 겹 소리 문자를 살짝 맛보기로 소개했다.

# 겹자음 문자로 배우는 진짜 이집트 단어

위의 표를 통해서 겹자음 문자의 구조에 대해 이해하기 조금 편해졌을 것이다. 이제 겹자음 문자를 이용해 실제 이집트 단어를 익혀보자. 아래의 기호들은 하나의 기호이나 두 개의 소리값을 가졌다.

**유용한 명사들**
*여기의 소리기호는 모두 전자 즉 transliteration을 따랐다.

| | | | | | | |
|---|---|---|---|---|---|---|
| | i b | 심장 | | n b | 주인 | |
| | ḥ r | 얼굴 | | p r | 집 | |
| | t ꜣ | 땅 | | r ꜥ | 태양 | |

**간단한 문법 소개**

1. 두 개를 나타내는 복수용법 : 단어의 끝에 아래의 기호를 붙인다.

- w y 남성형일 때

- t y 여성형일 때

예) ꜥ 팔　　　ꜥwy 두 팔 (남성)

ꜥty 두 팔 (여성)

2. 두 개 이상의 복수형일 때

세 개의 막대기(혹은 스트로크 stroke)로 표시하거나 같은 기호를 세 번 기록한다.

3. 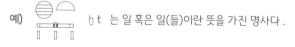 n b는 원래 단어 앞에 놓이면 섬기는 〈주인〉이란 뜻이 되지만, 뒤에 놓이면 〈모든〉, every, all, any이란 뜻이 된다.

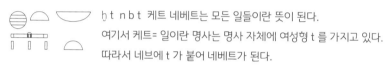

예)  ḥ t  는 일 혹은 일(들)이란 뜻을 가진 명사다 .

ḥ t n b t 케트 네베트는 모든 일들이란 뜻이 된다.
여기서 케트= 일이란 명사는 명사 자체에 여성형 t 를 가지고 있다.
따라서 네브에 t 가 붙어 네베트가 된다.

사실 고대 이집트 서기들도 1000여개의 상형문자 기호를 모두 사용해서 글을 쓰진 않았다. 그들 나름대로 편의에 따라 빈번히 사용한 기호들이 있었다. 이들을 세어보면 약 250개 정도가 된다고 한다. 하지만 주소, 전화번호, 다양한 생활의 정보 등 인터넷과 스마트 폰에 의존하는 현대문명인들보다 고대인들의 암기실력이 월등히 우수했던 것은 사실일 것이다.

그럼 이제 복자음 문자에 도전해 보자. 복자음 문자 차트에도 단자음 문자를 적는 칸을 마련했다. 복자음 문자를 읽고 적합하다고 생각하는 단자음 문자를 적어 보자.

| 상형문자 | 그림의 뜻 | 소리 | 단자음 조합 |
|:---:|:---:|:---:|:---:|
| | 깃발<br>신전정문에 꽂아두있다<br>〈신〉을 상징한다 | nṯr<br>네체르 | |
| | 심장과 호흡기관<br>아름답다란 뜻 | n f r<br>네페르 | |
| | 쇠똥구리벌레<br>생명탄생/부활의 뜻 | ḫ f r<br>케페르<br>영어로 쓰일 때<br>kheper | |
| | 샌달/슬리퍼<br>생명 뜻 | anḫ<br>앙크<br>영어로 쓰일 때<br>ankh | |
| | (배의) 노<br>목소리란 뜻 | ḫ r w<br>케루<br>영어로 쓰일 때<br>kheru | |
| | 공물/제물<br>(신께바치는)<br>평화/휴식의 뜻 | ḥ t p<br>호테프 | |
| | 제단의 옆모습<br>T가 붙으면<br>정의/균형이란 뜻이 된다 | m ꝫ ꜥ<br>마아아<br>영어로 쓰일 때<br>maa | |
| | 별 | s b ꝫ<br>스바<br>영어로 쓰일 때<br>sba | |
| | 사자의 앞부분 | ḫ ꝫ t<br>케트 | |

| 상형문자 | 그림의 뜻 | 소리 | 단자음 조합 |
|---|---|---|---|
|  | **깃발**<br>신전정문에 꽂아두었다<br>〈신〉을 상징한다 | **n t̲ r**<br>네체르 |  |
|  | **심장과 호흡기관**<br>아름답다란 뜻 | **n f r**<br>네페르 |  |
|  | **쇠똥구리벌레**<br>생명탄생/부활의 뜻 | **ḫ f r**<br>케페르<br>영어로 쓰일 때<br>kheper |  |
|  | **샌달/슬리퍼**<br>생명 뜻 | **anḫ**<br>앙크<br>영어로 쓰일 때<br>ankh |  |
|  | **(배의) 노**<br>목소리란 뜻 | **ḫ r w**<br>케루<br>영어로 쓰일 때<br>kheru |  |
|  | **공물/제물**<br>(신께바치는)<br>평화/휴식의 뜻 | **ḥ t p**<br>호테프 |  |
|  | **제단의 옆모습**<br>T가 붙으면<br>정의/균형이란 뜻이 된다 | **m ꜣ ꜥ**<br>마아아<br>영어로 쓰일 때<br>maa |  |
|  | 별 | **s b ꜣ**<br>스바<br>영어로 쓰일 때<br>sba |  |

| 상형문자 | 그림의 뜻 | 소리 | 단자음 조합 |
|---|---|---|---|
| | 사자의 앞부분 | ḫ ꜣ t<br>케트 | |

상형문자 속 복자음 문자를 살펴보았다. 물론 조금 복잡하게 보이지만 이렇게 하나의 문자기호 안에 여러 개의 소리 값이 들어 있다는 것에는 상당히 실용적인 측면이 있다. 복자음 문자는 제한된 공간에 글을 쓰고 기록할 때 일일이 길게 홑소리문자를 나열할 필요가 없기 때문이다. 즉, 스펠 아웃(spell out: 영어에서 철자를 일일이 쓰는 것)의 공간적 시간적 낭비를 절약할 수 있다.

## 이모티콘을 닮은 상형문자

만일 아주 작은 종이가 있고 '사랑해'라고 쓰고 싶다면, 영어로 이렇게 쓸 것이다

Love you

하지만 상형문자로는 아주 간단히 쓸 수 있다.

You, 즉 너란 뜻이다

〈메르〉라고 읽는 이 ✎ 문자는 여기서 '사랑한다'라는 동사이자

m과 r의 두소리음을 가지고 있다. 물론 길게 쓸 수도 있다.

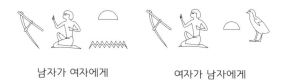

남자가 여자에게          여자가 남자에게

위의 표현은 짧지만 간결한 표음문자적 표현이다. 하지만 상형문자는 그 표의문자적 특성 때문에 마치 이모티콘처럼 사용할 수도 있는 장점이 있다. 즉, 한 단어로 의미를 표현할 수 있다는 것이다. 우리도 한글문자는 아니지만 기호를 통해 이런 의미를 짧지만 분명하게 전달할 수 있는 방법을 알고 있다.

이렇게 이모티콘의 기호가 의미를 대신해 줄 수 있기 때문이다.

물론 지금껏 우리가 배운 단자음 문자를 사용해서 비밀 메세지를 전할 수도 있을 것이다.

메르트 (널 사랑해)는 고대 이집트인들의 진짜 상형문자 표현이다. 단 두개의 문자를 이용한 이집트어와 8개의 알파벳 문자를

이용한 영어를 비교해보면 이집트인들의 문자가 더 실용적일 수도 있을 것이다.

용건만
간단히

# 그림으로 이해하는 상형문자

## 상형문자의 표의문자적 기능

이집트 상형문자는 위에서 배운 표음문자(phonogram)로서의 기능과 함께 표의문자(Ideogram)로서의 기능을 가지고 있다. 그리고 이 〈두 기능의 조합〉이 이집트 상형문자를 다른 문자체계와 구분짓게 하는 특성이기도 하다. 그럼 표의문자/뜻글자란 무엇인가 살펴보자. 간단히 정의하면 각 문자/기호는 그려진 그대로의 뜻을 나타낸다는 것이다. 놀랍게도 숫자가 그 대표적인 예다. 숫자기호는 기호 자체로 그의미하는 바를 정의한다. 문자도 마찬가지다. 그려진 형태 그대로 고유의 뜻을 나타낸다.

위의 상형문자는 눈을 나타낸다 눈은 표의문자다.

## 하다

하다는 능동적 동사이다.

표음문자로서 i r 두 개의 음소를 가진 겹자음 문자다. 〈이르〉라고 발음할 수 있다.

위의 기호가 표의문자 역할을 하기 위해선 특정한 장치가 요구된다. 표음 및 표의문자의 복합기능을 가진 문자의 역할교대법칙이라 할수 있다. 그리고 이 법칙은 생각보다 간단명료하다. 위의 상형문자를 그려진 그대로의 〈눈〉을 뜻하게 하기 위해선 작은 막대 기호를 문자밑에(혹은 옆에) 표시하면 된다(단어 안에서 종종 생략되기도 한다).

| 표의문자 지시 막대 ‖ | + | 문자기호 |

이제 위의 문자는 〈눈〉이란 뜻의 표의문자/뜻글자가 되었다.

## 결정사 혹은 힌트기호?

표의문자로의 기능과 함께 고대 이집트 문자만이 가진 특이한 기능이 하나 더 있다. 바로 〈결정사〉라는 것이다. 결정사는 단어 안에 주어지는 표의문자적 기능 중 하나로서 단어의 성질을 보여주고 동음이의어 문자를 구분해 주는 중요한 역할을 한다.

예를 들어

---

어젯밤에 맛있는 **배**를 너무 많이 먹었더니 **배**가 아팠다.

---

위의 문장 속에서 맛있는 배와 아픈 배는 철자와 소리는 같으나 뜻이 다른 동형이의어(homograph)이다. 영어도 마찬가지다,

| The unfortunate **Bat** was hit with a flying baseball **Bat** by accident. |
| 그 운 없는 박쥐는 날아오른 아구방망이에 어쩌다 맞아버렸다 |

운동경기 중 야구에 쓰이는 야구방망이 BAT와 밤에 날아다니는 박쥐 BAT와 같은 철자와 소리음을 가진다. 물론 이런 사건은 경기장에서 흔히 볼 수 없는 일일지라도 말이다.

한글과 영어에선 이런 동형의 다른 의미를 가진 단어에 그 단어의 고유의 뜻을 나타내는 특정 문자가 들어있지 않다. 문장 안에서 역시 두 단어의 차이를 구별해 주는 문법적 장치가 있는 것은 아니다. 하지만 이집트 상형문자는 이런 문제를 결정사(determinative)라는 문자/기호를 통해 간단하게 해결하고 있다.

## 결정사로 배워보는 친절한 이집트 상형문자

명사, 형용사, 동사 등의 이집트 단이 안에는 단어를 구성하는 형태소(뜻을 가진 말의 최소단위) 이외에 그 단어의 성질을 나타내는 기호가 하나 더 존재한다. 상형문자의 표의문자적 기능을 십분 살린 기호가 바로 이 결정사이다.

예를 들어 남자와 여자 그리고 어린아이와 관련이 있는 단어에는 각의 단어 끝에 각 단어의 남자, 여자 그리고 어린아이임을 나태내는 기호가 들어 있다.

남자　　　여자　　　어린아이

이들이 바로 〈결정사〉이며 이들에겐 소리값이 없다. 즉 이들의 단어 안에서의 표의문자적 기능을 분명하게 보여주고 있다.

다양한 결정사 중에서 몇몇 재미있는 결정사를 배워보라.


## 재미있는 결정사


1. 고대 이집트의 유아 및 어린아이들은 머리카락을 한 방향으로 따서 늘어뜨리고 (사이드락 sidelock) 손가락을 입에 물고 있는 모습으로 표현했다.

이 모습이         바로 이 모습         의 결정사이다.

2. 이집트어로 아들과 딸을 나타내는 단어들이다.

| 상형문자 | 뜻 | 영어소리 | 한글소리 |
|---|---|---|---|
|  | 아들 | SA | 사 |
|  | 딸 | SAT | 사트 |

\* 소리는 영어 알파벳 소리값 기준

이집트어는 문법적으로 여성형과 남성형을 구분해 주는 기호들이 있다.

| 여성형에 쓰임 |  |
|---|---|
| 남성형에 쓰임 | 혹은 |

오리는 S+A 이렇게 두 개의 소리값을 가진 겹자음 문자다. 두 단어를 살펴보면,

| | | |
|---|---|---|
|  | 남 | 남자를 상징하는 기호를 표시했다. |
| | 여 | 여자를 상징하는 기호를 표시했다. |

3. 아래의 결정사는 무엇을 나타내는 기호처럼 보이는가?

바로 파피루스 종이를 돌돌 말아서 끈으로 묶은 모습이다. 책/문서/편지/ 등의 단어 뒤에 붙는 결정사이다.

메자트 mdꜣt

책

파피루스 두루마기 결정사는 단어 〈책〉의 결정사이다.

물론 이 결정사는 사물과 사람을 정의해 주는 명사적 용도에만 사용된 것이 아니라 단어의 성질을 보여주는 형용사적 추상적 의미의 단어에서도 똑같이 적용된다.

연습문제에 도전해 보자.

이 상형문자는 〈젊은, 미성숙한, 어린〉 이란 뜻의 형용사다.

그렇다면 아래의 세 가지 그림기호 중 어떤 그림기호가 적합하겠는가?

이 단어엔 어린이를 상징하는 결정사  가 들어간다.

모든 단어의 뜻이 결정사에 의해 쉽게 추측될 수 있는 것은 아니다. 단어에는 고유명사적 기능 이외에 형이상학적 추상적 의미를 담고 있는 수없이 많은 단어가 있기 때문이다. 하지만 결정사는 단어가 의미하는 본질을 직설적으로 나타내주고 있다는 장점을 가지고 있기 때문에 결코 무시할 수 없는 역할과 단어를 이해하는 결정적인 힌트를 제공해 주고 있다.

그럼 친절한 결정사를 조금 더 살펴보기로 하자.

# 빈번히 사용되는 결정사 리스트

| 상형문자 | 그림의 뜻 | 결정사 역할 |
|---|---|---|
| | 입에 손을 대고 앉아 있는 사람 | 먹고/마시고/말하는 것과 관련된 단어의 결정사 |
| | 미이라 | 미이라/관/조각상에 관련된 단어 |
| | 막대기를 들고 있는 사람 | 때리다/뺏다/강힘과 관련된 단어 |
| | 움직이는 두발 | 동작에 관련된 단어 |
| | 파피루스 두루마리 | 책/쓰다/주문/추상적 의미를 가진 단어 |
| | 세개의 물결 | 물/계절/마시는 것에 관련된 단어 |
| | 태양 | 태양/시간과 관련된 단어 |
| | 십자로로 구분된 마을 | 나라/마을/지역과 관련된 단어 |
| | 배 | 배/항해와 관련된 단어 |
| | 세개의 등성을 가진 언덕 | 사막/묘지/타국(외국)과 관련된 단어 |

상형문자는 표의문자적 기능(그림기호) 때문에 그림과 단어 뜻이 그리 어렵지 않게 연결될 수 있다. 그렇기 때문에 결정사를 굳이 외우지 않아도 약간의 센스를 발휘하면 단어 뜻을 찾아낼 수 있고 또 결정사의 도움으로 엉뚱한 오해도 피해갈 수 있다.

고대 이집트어로 하마는 겹자음 d와 b의 소리값을 가진다. 또 달달하고 맛있는 굵직한 아프리카산 대추열매도 데브(ab)로 하마와 같은 소리값을 가지고 있다. 즉 이 두 단어는 동형이의어이다.

하지만 문장 안에서 결정사를 이용해 둘을 쉽게 구별해줄 수 있다. 또한 데브는 종종 사람의 이름이기도 했다. 그렇다면 데브라는 이름을 가진 이집트인이 대추 혹은 하마로 오해 받지 않기 위해선 결정사로서 인간임을 표시해 줘야 했을 것이다.

1. 하마
2. 대추
3. 사람이름

아래의 그림기호 중 가장 알맞다고 생각하는 단어의 결정사를 찾아보자.

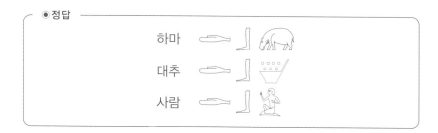
이집트인 데브가 하마나 대추로 오해 받지 않고 자신의 이름을 맞게 찾기 위해 적절한 결정사가 필요하다.

**연습 4** 알맞은 결정사를 집어넣어 보자.

| 상형문자 | 단어 뜻 | 결정사 |
|---|---|---|
| | 쓰다 | |
| | 먹다 | |
| | 미이라 | |
| | 햇살이 비추다<br>해가 떠오르다 | |
| | 도망가다 | |
| | 강한/ 힘센 | |

| 상형문자 | 그림의 뜻 | 결정사 역할 |
|---|---|---|
|  | 땀 |  |
|  | 강을 건너다 |  |
|  | 이집트 |  |
|  | 사막 |  |

결정사

| 상형문자 | 단어 뜻 | 결정사 |
|---|---|---|
| | 쓰다 | |
| | 먹다 | |
| | 미이라 | |
| | 햇살이 비추다<br>해가 떠오르다 | |
| | 도망가다 | |
| | 강한/ 힘센 | |
| | 땀 | |
| | 강을 건너다 | |
| | 이집트 | |
| | 사막 | |

# 신들의 결정사

3500년 황금문명을 자랑했던 고대 이집트. 바로 이집트문명의 핵심에는 2000여명의 신과 여신들이 당당히 그 한 자리를 차지하고 있었다. 당연히 이집트 문자엔 신과 여신들이 존재한다. 그들은 물론 결정사로서 빛나는 역할을 하고 있다.

우선 신과 여신들은 통합적으로 이렇게 상형문자로 표시한다.

신(모든 남신)　　　　여신(모든 여신)

하지만 유명한 신들은 그들의 특징을 보여주는 자신들만의 결정사를 가지고 있다.

태양신 라는 이렇게 쓴다

사람의 몸에 매의 얼굴을 하고 태양원반을 머리에 얹은 채 생명을 뜻하는 앙크 사인을 들고 있는 모습은 태양신 라(레)를 상징하는 결정사이다.

위에서 잠시 살펴봤던 상형문자 단어 〈태양〉은 이집트어로 r+e, 두 개의 단자음 문자이며 결정사는 태양원반을 한 세트로 하는 단어 구조를 가진다.

따라서 태양신 라/레와 태양은 이렇게 결정사로 분명히 구분할 수 있다.


# 상형문자로 쓰는 비밀 메세지

유용한 표현들

1. 유용한 이집트 상형문자 표현들을 배워보자.

2. 해독코드를 상대방에게 선물하고 상형문자로 적은 문장을 해독하게 할 수 있다

| 해독코드 단어 |
|---|
| 안녕 |
| 좋은하루 보내 |
| 힘내 |
| 항상 건강해 |
| 내 걱정 하지마 |

| 해독코드 단어 |
| --- |
| 네 꿈을 이루길 바래 |
| 집중해 |
| 잘난척 하지마 |
| 다시 좋아질거야 |
| 여행잘해, 잘가 |

소개된 30개 홀소리 상형문자만을 가지고도 상형문자를 읽고 또 비밀 메세지를 전할 수도 있다.

# 상형문자 배우기 책을 세상에 내놓으며

11살의 나는 아버지의 서재에서 토인비의 〈인간의 역사〉란 거창한 제목의 책을 아무 생각없이 집어들었다. 두꺼운 책을 휘리릭 넘기다 발견한 낯선 페이지 속의 흑백의 사진은 내 작은 심장에 꽂혀 내 인생을 바꾸어 놓았다. 이집트 필레 섬의 아이시스 여신 신전이었다. 기괴하지만 아름다운 상형문자들이 여신의 아름다운 자태 옆에 세로로 나열되어 있었다. 작은 뱀과 부엉이, 독수리, 작은 단지들, 물결모양의 신비한 기호들이 정교하고 섬세하게 조각되어 이 세상의 것이 아닌 듯 느껴졌다. 그 이후 고대이집트문명은 내 삶의 일부가 되어 왔다. 호기심은 관심으로 자라나 내 사랑이 되었다. 사랑이 그러하 듯, 울고 웃고 싸우고 화해하며 그렇게 30여년을 함께 해왔다. 그리고 이제 이렇게 내 사랑의 결정체를 〈상형문자 배우기〉라는 책으로 세상에 내놓게 되었다. 이 책은 지난 6년 동안 집필했던 5권의 〈파피루스 이야기 보따리 시리즈: 2015년~2021년〉 이후에 출판하게 된 책이지만 사실은 먼저 초본을 잡았던 책이기도 하다. 그렇기에 많이 아꼈고 또 많이 망설였던 책이었다. 하지만 오히려 다행이었단 생각을 한다. 내 열정으로 낸 고대문자배우기 책은 아마 내 열정의 눈높이에만 맞추어졌을 것이기 때문이다. 지난 십 여년간 상형문자를 영국과 한국에서 가르치며 교습법에 대한 많은 깨달음을 얻었고 또 배웠다. 또 그것이 이번 책을 준비하면서 많은 도움이 되었다. 죽은 언어 그것도 고대언어를 배운다는 것은 그 언어의 문명을 이해하지 않고서는 이해하기 힘든 것이기 때문이다. 그렇기에 〈상형문자 배우기〉 책은 복잡한 문법구조와 단어 및 어려운 문자체계 설명은 넣지 않았다. 모두가 쉽게 고대 이집트 언어에 다가갈 수 있게 의도했다. 초보자 혹은 관심자들(대부분의 독자일 것이다)이 이집트와 고대 이집트언어에 대한 처음의 반가운 관계를 형성할 수 있게 한 것이 바로 〈이집트 상형문자 배우기〉 책의 요지이다. 상형문자 배우기 2 권은 아마도 호기심에서 관심으로 깊어지는 여정 2 단계가 될 것이다. 이제 〈상형문자 배우기〉 책을 세상에 보내며 30 여년 전 내 마음을 설레게 했던 고대 이집트문명의 지적 아름다움을 독자분들과 함께 나눌 수 있게 되었다. 고대문명과 또 신비로운 고대 상형문자와 함께 새로운 세계로의 모험을 떠나는 시간이 되시길 소망해 본다.

2021년 12월 한국에서 출판을 앞두며

# 주석

1 　신전 예식의 일부였던 왕의 눈화장과 이 예식에 필요한 화장용 예식 팔레트 모양으로 만들어진 두 개의 석판. 미사암(실트암)으로 만듬, 아스완 지역인 히에라콘폴리스(매의 도시란 뜻)에서 1897/8년 영국의 고고학자 제임스 퀴벨과 프레드릭 그린이 발굴했다(기원전 약 3200년 경의 것으로 추정), (Shaw Ian, Ancient Egypt, 2004).

2 　1303년의(AD)의 대지진과 1356년 바흐리 술탄에 의해 일부의 석회암이 옮겨졌고 19세기 경 무하메드 알리 파샤가 카이로의 알라바스타 모스크를 지을 때 사용되었다. 또한 나머지의 석회암은 카이로시의 증축에 사용됨.

3 　우나스(고왕국 5왕조 9번째 왕, 2465BC - 2325BC) 왕의 묘실 안에 새겨진 상형문자 텍스트로 283개의 주문서로 이루어져 있다. 테티, 페피 2세(6왕조 2305BC - 2216BC)와 페피 2세의 부인들인 니스, 아이푸트, 웨제베티(Neith, put 2, Wedjebetti)의 위성 피라미드 등에도 새겨져 있음(1880년 고고학자 마스페로가 발견, 이전에 발견된적 없던 피라미드 안의 문자).

4 　Durgen: Pyramid texts of Unas - www.sofiatopia.org from a&b section.

5 　네케베트: 연꽃모양을 머리부분에 한 권위의 상징인 긴 홀장(막대기) 　

6 　고왕국 3왕조의 것으로 추정되는 긴 석관이 카이로 부근의 아부로쉬/Abu - Roash에서 발견되었고, 6왕조에 이르러 목재로 만든 전통적 표준형관이 등장하기 시작했다.

7 　1823/24년 헨리 웨스트카가 발견한 파피루스는 신관문자(Hieratic/흘림체)로 쓰였다. 12개의 세로줄이 두 파트로 나뉘어져 있던 이 파파루스는 후일 3파트로 나뉘어졌고 모두 5개의 이야기들을 싣고 있다. 〈쿠푸왕과 마법사들〉이라는 제목처럼 고왕국의 실재 재위했던 선대왕들을 주인공으로 하여 가상의 이야기를 가미한 고대 이집트판 판타지 소설이다. 이집트의 제 2혼란기였던 1800BC에서 1600BC 사이에 쓰인 것으로 추정하나 문체와 형식은 철저히 중왕국 시대의 Middle Egyptian, 즉 중왕국 어체로 쓰여졌다. 국내에는 저자가 2018년 〈쿠푸왕과 마법사 제디〉라는 이름으로 직접 해독하여 소개했다(정인출판사).

8 　후일 아케나텐이라는 이름으로 개명하고 유일신을 섬긴 왕(재위 1353BC - 1336BC)

9 　일명 아마르나 통신서(Amarna letters)란 이름을 가지고 있는 이 382개가 넘는 점토판들은 기원전 약 1360년에서 1332년의 기간동안 이집트 왕실과 메소포타미아 왕국들(가나안과 아무르를 중점) 사이에 왕래되었던 외교문서들이다. 대부분 가나안 및 아카드어로 쓰여 있다.

10 　그라피토(Graffito)는 이탈리아어로 〈긁어서 쓰다〉라는 뜻을 가지고 있다. 여기서는 벽화 혹은 벽에 쓰여진 문자를 말한다.

11 　민중문자(DEMOTIC)는 기원전 664년에서 기원후 452년 경까지 사용되었던 문자로 신관문자(HIERATIC) 즉 상형문자의 초서체에서 파생된 보다 단순화된 서체형식이다. 후기왕조시대(Late Period)인 26왕조 사이스(SAIS) 왕조 때 나타났으며 주로 서류(상업/무역) 및 행정관련 문서에 주요 사용되었다.

12 　1685년부터 1815년에 유럽에서 일어났던 생각과 사상의 주류(Age of Reason, the Enlightenment)로서 르네상스와 남유럽의 과학혁명의 영향을 받아 합리성과 논리 및 이성의 확실성을 추구했다. 스피노자, 볼테르, 장 자크 루소, 아이작 뉴턴 등이 대표적 인물들이다.

13 　이집트 북서쪽 해안 방향으로 오토만 제국이 건설한 요새로 약 5킬로미터에 달한다. 나폴레옹의 군대가 1789년에서 1801년까지 재 점유했으며 후일 로제타 스톤의 발견으로 유명해진 곳이다.

14 존 데이비드 알케블라드(Johan David Åkerblad: 1763 - 1819)는 스웨덴의 외교관이자 동양학자.

15 바론 실베스테 사시(Baron Silvestre de Sacy 1758 - 1838) 알케브라드의 제자이며 프랑스 언어학자이자 동양학자.

16 콥틱(Coptic)어는 2세기경에 등장한 24개의 그리스 알파벳과 8개의 이집트 데모틱 음가를 힙치서 만든 뮤자이다. 간단히 말해 이집트어를 그리스 알파벳으로 적어 그리스인들이 읽을 수 있고 이집트인들이 알아들을 수 있는 시스템을 만든 것이다. 콥틱어는 기독교로 개종한 그리스인들이 이집트인들을 교화하기 위해 성서를 번역하는데 사용했는데 이는 당시의 데모틱은 다신교인 이집트인들의 언어였기 때문에 불경하다 여겼기 때문이다.

17 알파벳(Alphabet)은 하나의 문자/기호에 각각 모음 자음의 음소들을 가지고 있는 것을 말한다. 그리스어, 영어, 한글 등을 예로 들 수 있다. 음소문자라 부른다.

18 윌리엄 뱅크스(William John Bankes 1786년 12월 11일 1786 - 1855년 4월 15일) 영국정치가, 탐험가, 이집트학자 그리고 모험가.

19 〈The BooK of Nut/ 하늘의 여신의 서〉는 이집트인들의 천문학 연구와 신화를 연결해 집대성한 글이다. 별자리, 달의 주기, 태양의 주기, 점성술 그리고 해시계의 활용법 등이 적혀 있다. 현재까지 중왕국에서 신왕국에 걸쳐 적힌 것으로 추정되는 9개의 필사본이 발견되었다.

20 이집트의 일주일은 10일이고 한달은 30일이었다. 따라서 1년은 360일이며, 이집트인들은 태양력의 주기를 맞추기 위해 마지막 달에 5일(epagomenal days)을 추가했다.

21 Djedu/제주는 하이집트의 부시리스라 불리는 도시(현 아부 시르 바나/Abu sir Bana)로 오시리스신의 탄생 숭배지 중 하나다.

22 Allen James P(2003) : The Ancient Egyptian Language, Cambridge University Press, P2

23 전자(Transliteration)은 한 문자체계를 다른 문자체계와 바꾸어 나타내는 것을 뜻한다: 그리스어 〈α〉→〈a〉로, 〈χ〉→〈ch〉, 라틴어 〈æ〉→〈ae〉.[1]

24 세레크 ▌🖳🎍 란 이름을 가진 이 건축물 모양의 빈 공간 안에 왕의 이름을 새겼다. 세레크는 〈널리 이름을 알리다〉란 뜻을 가졌다.

25 독수리 모습의 여신은 네크베트로 상이집트 네케브(NEKHEB 혹은 EL - KHEB)의 수호여신이다. 코브라 여신으로 와제트란 이름을 가지고 있다. 하이집트의 페르 와제트 혹은 그리스명인 부토(BUTO)의 수호여신이다. 와제트란 이름은 초록색의 여신이란 뜻으로 풍요를 상징하고 있다. 아비도스 지역에 발견된 고왕국 1왕조 호르아하 왕의 아비도스 라벨 혹은 나카다 라벨 인장에 두 여신이 등장한다(호루스와 세레크의 호칭도 함께 새겨져 있다).

## 이집트 연대기

| 연대<br>Chronological date | 왕조<br>Dynasty | 왕조분류<br>Dynastic period | 기간<br>Duration |
|---|---|---|---|
| 8000–4300 BCE | 신석기 시대<br>Neolithic | | |
| 4300–3300 BCE | 선왕조시대<br>Predynastic | | |
| 3000–2686 BCE | 초기왕조시대<br>Early Dynastic | 1<br>2 | 314 |
| 2686–2181 BCE | 고왕국 시대<br>Old Kingdom | 3<br>4<br>5<br>6 | 505 |
| 2181–2125 BCE | 제1혼란기<br>First Intermediate Period | 7–10 | 56 |
| 2125–1773 BCE | 중왕국 시대<br>Middle Kingdom | 11<br>12 | 352 |
| 1773–1550 BCE | 제 2 혼란기<br>Second Intermediate period | 13–17 | 223 |
| 1550–1069 BCE | 신왕국 시대<br>New Kingdom period | 18–20 | 489 |
| 1069–664 BCE | 제 3 혼란기<br>Third Intermediate Period | 21–25 | 405 |
| 664–332 BCE | 후기왕조시대<br>Late period | 26–31 | 332 |
| 332–30 BCE | 프톨레마이오스 시대<br>Ptolemaic period | | |
| 30 BC–395 CE | 로마 시대<br>Roman period | | |
| 395–640 CE | 비잔틴 시대<br>Byzantine period | | |
| Since 640 CE | 이슬람 제국시대<br>Islamic period | | |

# EGYPT MAP

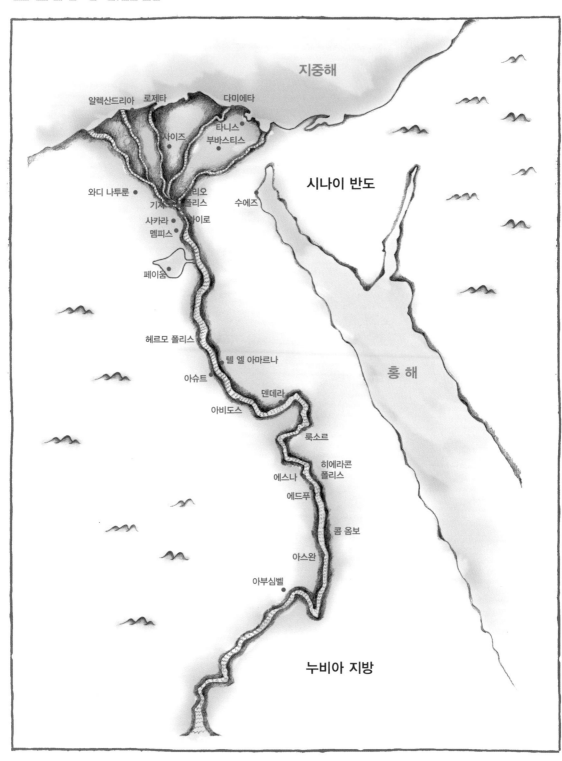

지중해

시나이 반도

알렉산드리아  로제타    다미에타

사이즈    타니스
부바스티스

와디 나투룬    리오
기자  폴리스    수에즈
사카라    카이로
멤피스

페이움

헤르모 폴리스

텔 엘 아마르나

홍 해

아슈트

덴데라

아비도스

룩소르

히에라콘
폴리스

에스나

에드푸

콤 옴보

아스완

아부심벨

누비아 지방